BAHNBETRIEBSWERKE AUF DER MODELLBAHN

Planung und Bau
vorbildgerechter Bahnbetriebswerke

Von Hans-Joachim Spieth

Überarbeitet von
Peter Wieland

D1723721

Bildnachweis; in Klammern die Bild-Nr.:

Albrecht (47, 174), Fa. Arnold (45, 57, 66, 123), Barkhoff (69, 136), Bilan (186–189), Deutsche Bundesbahn (152), Fa. Faller (55, 65), Fa. Ferro-Suisse (134, 144), Fa. Fleischmann (42, 167), Gunzenhäuser (112), Hirblinger (179–181), Höhl (74), Hörstel (149), Jacobi (62, 121, 153), Männel (150), Fa. Märklin (154), von Mitzlaff (68), Fa. Neff (132), Pempelforth (46, 131), Fa. Pola (56), Rieche (102, 183–185), Schmalmack (169, 170), Stemmler (11, 34, 39, 80), Fa. SV-Modellbahnen (109), Tappert (16, 120), van der Vorm (101), Fa. Weinert (53, 59), Weinstötter (4), Wieland (26, 27, 30, 38, 44, 54, 67, 70, 76, 91–93, 100, 116, 124, 125, 151, 155, 175, 177, 178), Wilke (171, 172), Wolff (156).

Alle übrigen Bilder sowie die Zeichnungen: Verfasser.

Titelbild:

Der 15ständige Ringlokschuppen nach dem Vorbild des Bw Düsseldorf 1 ist Bestandteil des H0-Programms des Kleinserienherstellers Bochman und Kochendörfer. Jürgen Gottwald hat den Bausatz montiert, meisterhaft in Szene gesetzt und in bestem Licht fotografiert.

CIP-Kurztitelaufnahme der Deutschen Bibliothek

Spieth, Hans-Joachim:
Bahnbetriebswerke auf der Modellbahn: Planung und Bau vorbildgerechter Bahnbetriebswerke / von Hans-Joachim Spieth. Überarb. von Peter Wieland. – 3. Aufl. – Düsseldorf: Alba, 1993
(Alba-Modellbahn-Praxis: Spezial)
ISBN 3-87094-569-9
NE: Wieland, Peter [Bearb.]

Erschienen	September 1984, 2. Auflage Mai 1986, 3. Auflage Juli 1993
Satz und Repro	W. A. Meinke GmbH, Düsseldorf
Herstellung	L. N. Schaffrath, Geldern
ISBN	3-87094-569-9

Inhalt

Vorwort

Vielleicht erinnern Sie sich an einen Werbeslogan der Deutschen Bundesbahn, der hieß: Unsere Loks haben sich das Rauchen abgewöhnt. Dieser Slogan sollte die moderne Bahn mit ihren Elloks und Dieselloks im Bewußtsein der Bevölkerung verankern.

Das vorliegende Buch geht dagegen den Weg zurück zur Dampflokzeit, ohne deswegen die modernen Traktionsarten zu vernachlässigen. Dieser Rückblick erscheint nötiger denn je, weil die Anlagen des Dampflok-Bw im Bereich der Deutschen Bundes- und Reichsbahn wie bei den Bahnen des benachbarten Auslandes kaum mehr vorhanden sind. Von dampfbetriebenen Museumsbahnen wollen wir in diesem Zusammenhang absehen. Vor allem der jüngere Leser und Modellbahner braucht Informationen und Anregung über das Dampflok-Bw, das er aus eigener Anschauung nicht mehr kennt.

Und so besteht zuallererst die Aufgabe dieses Bandes darin, Informationen und Anregungen zum Nachbau eines Dampflok-Bw auf der Modellbahn zu geben. Dies geschieht unter Verwendung handelsüblicher Zubehörteile und, wo nicht möglich, mit Vorschlägen zum Selbstbau. Die Beschränkung, die die Größe der Modellbahn-Anlage dem Erbauer auferlegt, wird durch die Auswahl entsprechender Vorschläge, die von Vorbildsituationen abgeleitet sind, berücksichtigt.

Die Betriebswerke für die modernen Traktionsarten und Straßenbahnen werden dabei nicht vernachlässigt, wenn sie auch aus nostalgischer Sicht nüchtern sind und wenig auffällige Behandlungsanlagen haben. Desweiteren geht unser Blick über die Landesgrenzen ins benachbarte Ausland, wo beispielsweise die Rhätische Bahn durch ein reiches Angebot guter Fahrzeug-Modelle viele Freunde gefunden hat. Auch hier orientieren sich die Vorschläge für den Nachbau an Vorbildsituationen und am Angebot der verschiedenen Hersteller.

Verständlich ist, daß dieses Thema im Rahmen des Buches nicht erschöpfend behandelt werden kann und deshalb dem Spezialisten lückenhaft erscheinen muß. Der Autor ist deshalb für Anregungen und fundierte Kritik an Auswahl und Darstellung dankbar.

Zum Schluß soll nicht unerwähnt bleiben, daß seit der ersten Veröffentlichung zu diesem Thema eine Reihe der dort gemachten Vorschläge in der Zwischenzeit von der Modellbahnindustrie aufgegriffen wurde, was den Nachbau im Modell erleichtert. Das erfüllt den Autor mit einer gewissen Genugtuung und zeigt, daß der eingeschlagene Weg richtig war. Danken möchte ich an dieser Stelle den Eisenbahnfreunden, den Modellbahnern, den Dienststellen der Deutschen Bahnen sowie den Herstellern von Modellbahnen und Zubehörartikeln. Sie haben diese Arbeit durch Pläne, Bilder und Anschauungsmuster unterstützt.

Hans-Joachim Spieth
Leinfelden-Echterdingen, im Juni 1993

1
Was man unbedingt vorher wissen sollte

Bei der Eisenbahn gibt es wenige Einrichtungen, die einen so starken Reiz ausüben wie das Bahnbetriebswerk, in der Fachsprache kurz Bw genannt. Und so ist es verständlich, daß auf vielen Modellbahnanlagen ein Bw eingebaut ist. Doch nur wenige sind gut gelungen. „Gut gelungen" meint nicht allein die gute Ausgestaltung des Bw, ein zweifellos wichtiges Argument, sondern die glaubhafte Planung und konsequente Durchgestaltung der ihm betrieblich zugewiesenen Aufgaben. Über diese Planung sollten wir zuerst sprechen, ehe wir mit der Planung eines Bw beginnen. Erfahrene Modellbahner können die nachfolgenden Seiten überblättern und sich gleich dem nächsten Kapitel widmen.

Vor dem Bau einer Anlage wird man sich für eine Epoche entscheiden.

Epoche 1:
Zeit der Länderbahnen, die durch ein zunehmendes Angebot der Hersteller für den Modellbahner immer interessanter wird.

Epoche 2:
Zeit der Deutschen Reichsbahn mit der Blütezeit der Dampftraktion in den letzten Jahren vor dem Zweiten Weltkrieg.

Epoche 3:
Zeit der noch jungen Deutschen Bundesbahn mit vielen Dampfloks und der aufkommenden Verdieselung und der weiteren Elektrifizierung der Hauptbahnen.

Epoche 4:
Zeit der modernen Bundesbahn; die Triebfahrzeuge, Triebwagen und Waggons tragen Computerbeschriftung.

Epoche 5:
Das Zeitalter des modernen Schnellverkehrs mit ICE, IC und EC, mit InterCargo- und Logistik-Zügen.

Natürlich muß auch das Bw von der jeweiligen Epoche geprägt sein. Die Bahnbetriebswerke der Epoche 4 sind in der Anzahl stark reduziert auf wenige große Bw, zugeordnet großen Personen- oder Rangierbahnhöfen. Die Anlagen sind nüchtern und ohne Romantik. Viele Einrichtungen der alten Bw-Anlagen fehlen. Man braucht sie nicht mehr. Die Lokomotiven sind wartungsfreundlich und müssen, besonders die Elloks, nur in größeren Abständen einer Nachschau unterzogen werden. Außer der Besandungsanlage und einer Tankanlage für Diesellokomotiven, dem Lokschuppen und eventuell einer Schiebebühne sind keine ins Auge springenden Behandlungsanlagen mehr vorhanden.

Klammern wir im Augenblick auch das Länderbahn-Bw aus, dann bleiben für unser Thema zwei Epochen übrig:

1. Ein Bw der Reichsbahnzeit (Epoche 2), in der die Dampfloks dominierten. Dieselloks gab es praktisch keine, wenn man von der Kleinlok Köf absieht. Für diese genügte eine kleine Dieseltankstelle.

2. Ein Bw aus der Zeit der Deutschen Bundesbahn (Epoche 3), in dem neben Dampfloks auch

schon Dieselloks vertreten waren. Diese Misch-belegung war bei vielen Bw in den 60er Jahren festzustellen. Nach dem Ausmustern der Dampfrösser blieben dann allein die Dieselloks übrig.

Wer nicht auf die Reichsbahnzeit fixiert ist, wird wohl ein gemischtbelegtes Bw der Epoche 3 darstellen wollen, weil es die größte Vielfalt an Fahrzeugen bietet. In den Vorschlägen ist dies berücksichtigt. Ein Bw für Elloks allein wird in einem besonderen Kapitel vorgestellt. Und damit stehen wir auch schon vor der Frage, welcher Bw-Typ nach den betrieblichen Aufgaben dargestellt werden soll.

Was für ein Bw soll es sein?

Sehen wir vom Personaleinsatz-Bw und vom Mutter-Bw einmal ab, dann bleiben noch drei Typen übrig:

1. das Heimat-Bw;

2. das Einsatz-Bw;

3. die Bw-Außenstelle (Bw-Ast).

Das Heimat-Bw, abgesehen von Nebenbahnen und kleineren Privatbahnen, bedarf auf der Modellbahnanlage einer gewissen Größe und Mindestausstattung in Behandlungs- wie in Gleisanlagen. Es weist zusätzlich noch Werkhallen und Aufstellgleise zum Ausblasen der Rohre und Auswaschen des Kessels auf. Das Bw eignet sich vorzüglich als selbständiges Anlagenthema. Dort werden wir uns auch ausführlich mit allen notwendigen Einrichtungen befassen.

Das Einsatz-Bw bringt gegenüber dem Heimat-Bw den Vorteil, daß nur die notwendigen Einrichtungen zur Ergänzung der Vorräte und Beseitigung der Asche und Schlacke vorhanden sein müssen. Ein Lokschuppen und eventuell eine Drehscheibe gehören ebenfalls dazu.

Die Bw-Außenstelle unterscheidet sich vom Einsatz-Bw durch eine geringere Ausdehnung der Anlagen sowie durch weniger Schuppengleise und Aufstellgleise im Freien. Hier genügt ein Lokschuppen mit drei bis vier Gleisen und etwa zwei bis drei Aufstellgleisen. Für die geringe

Anzahl der zu versorgenden Loks braucht man auch eine kleinere Bekohlungs- und Ausschlackanlage. Ebenso können die Gleise für die Zufuhr von Ersatzteilen und anderen Stoffen fehlen.

Zur Klärung der Begriffe sollen noch einige Erläuterungen gemacht werden. Im Personaleinsatz-Bw wird, wie der Name sagt, nur das Personal gewechselt. Ein Mutter-Bw hat über die Aufgabe eines Heimat-Bw hinaus die Aufgabe der Lagerhaltung großer Ersatzteile und nimmt den Austausch dieser Teile an eigenen wie an fremden Lokomotiven vor. Dafür werden neben dem Lokschuppen weitere Werkhallen benötigt. Für elektrische Triebfahrzeuge gibt es keine Mutter-Bw.

Von einer Bw-Ast spricht man, wenn ein Bahnhof ständig eine Anzahl von Triebfahrzeugen benötigt. Solche Gründe liegen vor bei ständigem Verschiebedienst, Nachschiebe- oder Vorspanndienst und Bedienung von Anschlußgleisen oder als Ausgangspunkt einer Nebenbahn. Gerade die letzte Aufgabe ist für die Darstellung auf der Modellbahn-Anlage sehr gut geeignet.

Außenstellen werden gebildet, um längere Leerfahrten zu vermeiden, wenn in der Nähe eines derartigen Bahnhofs kein Bw liegt. Die Ausrüstung beschränkt sich auf die Anlagen für Behandlung und Unterhaltung einfacher Art. Alle übrigen Arbeiten werden im Bw ausgeführt.

Ist eine Kleinlok für Rangieraufgaben einem Bahnhof zugewiesen, spricht man von einer Einsatzstelle. Obwohl die Ausstattung einfach ist, könnte man hier von der kleinen Form eines Bahnbetriebswerkes sprechen.

Die Gleisanlagen im Bw

Eine gute Gleisanordnung trägt viel zur reibungslosen Abwicklung des Betriebs im Bw bei. Die Anordnung ist je nach Antriebsart der Fahrzeuge, die dem Bw zulaufen, verschieden, doch gibt es eine Reihe von Forderungen grundsätzlicher Art, die für alle Bw gelten.

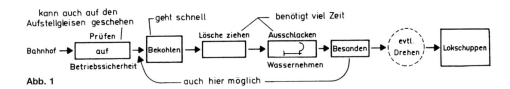

Abb. 1

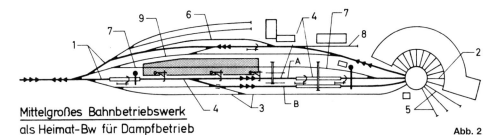

**Mittelgroßes Bahnbetriebswerk
als Heimat-Bw für Dampfbetrieb**

Abb. 2

Die Gleise werden bezeichnet nach den Aufgaben, die sie haben:

1 **Ein- und Ausfahrgleise** schließen das Bw an die Verbindungsgleise zu anderen Betriebsanlagen an.

2 **Zufahrgleise** zu den Ständen (Standgleise, Schuppengleise) in der Halle und zu anderen Einzelanlagen, z. B. Drehscheibe und Schiebebühne.

3 **Umfahrgleise** werden benutzt, um Triebfahrzeuge an allen Anlagen oder an einem Teil davon vorbeizuleiten.

4 **Behandlungsgleise**, unterschieden nach Art der Behandlung, z. B. Bekohlungsgleise, Tankgleise, Ausschlackgleise.

5 **Aufstellgleise** für Triebfahrzeuge (Fahrzeugstände im Freien) zum vorübergehenden Abstellen.

6 **Wartegleise**, eines oder mehrere, nahe der Ausfahrt gelegene Aufstellgleise für ausrückende Triebfahrzeuge, die aus betrieblichen Gründen noch kurzzeitig zurückgehalten werden müssen.

7 **Gleise zur Zu- und Abfuhr von Stoffen** (Kohlenwagengleis, Kessel- und Tankwagengleis, Schlackenwagengleis).

8 **Ladegleise** für andere Betriebsstoffe und Ersatzteile.

9 **Aufstellgleise** für einen Aufgleisgerätewagen (Hilfszugwagen), falls für das Bw vorgesehen, oder für andere Bahndienstfahrzeuge.

Für Anordnung und Betrieb sind die wichtigsten Gesichtspunkte zu beachten:

1. Ein- und Ausfahrten sollen getrennte Fahrwege, möglichst im Rechtsverkehr, haben.

2. Fahrzeuge, die nur eine Teilbehandlung erhalten, z. B. Bekohlen oder Auftanken, müssen aus der Reihe der Fahrzeuge, die eine Vollbehandlung bekommen, ausscheren und an den anderen Ständen vorbeifahren und auf kurzem Wege zur Ausfahrt gelangen können.

3. Aus der Halle oder aus dem Schuppen ausfahrende Lokomotiven sollen die Bw-Ausfahrt ohne Richtungswechsel erreichen. Außer nochmaligem Wasserfassen nach längerer Standzeit werden keine Behandlungen mehr vorgenommen.

4. Alle Anlagen im Freien sollen möglichst ohne Benutzung von Drehscheiben oder Schiebebühnen erreichbar sein. Dasselbe gilt für die Stände in der Werkstatt.

5. An Arbeitsgruben, Drehscheiben oder Schiebebühnen anschließende Gleise sollen mindestens 15 m geradlinig verlaufen (in H0: 10 cm, in N: mind. 5 cm).

6. Gleise für Aufgleisgerätewagen (Hilfszugwagen) sollen beidseitig zugänglich sein und dürfen von anderen Fahrzeugen nicht benutzt oder versperrt werden.

Für das Dampf-Bw ist vor allem die Reihenfolge der Behandlungen ausschlaggebend, wie sie prinzipiell in Abb. 1 aufgeführt sind.

Bei der Neuanlage eines Bw wurde bei der Bahn nach dieser Reihenfolge verfahren. Da jedoch viele Bw auf die Länderbahnzeit zurückgehen, sind Abweichungen von diesem Schema festzustellen. Die geringste ist noch die Verlegung der Besandung vor die Bekohlung wie im Bw Heilbronn. Die anderen Behandlungen sind im zeitlichen Ablauf einzuhalten, auch wenn diese bei engen Platzverhältnissen räumlich getrennt sind. Diese Zwänge rechtfertigen auch bei der Modellbahn ähnliche Lösungen.

Die Idealform eines mittelgroßen Heimat-Bw zeigt Abb. 2. Unverkennbar ist die beträchtliche Längenausdehnung der ganzen Anlage. Die einzelnen Gleise benennt man nach den Aufgaben, die sie haben. Die Benennungen sind in der Abbildung eingetragen.

Verfolgen wir anhand des Gleisplanes den Weg einer Dampflok im Bahnbetriebswerk:

Die einfahrende Dampflok fährt zuerst zum Bekohlen. Gleichzeitig erfolgt die Prüfung auf Betriebssicherheit. Ist die Bekohlungsanlage belegt, wird während der Wartezeit die Lok vor der Bekohlungsanlage überprüft. Die Anordnung einer Untersuchungsgrube ist möglich. Der Besandungsturm (oder ein zweiter) könnte hier eingefügt werden.

Die Lok rückt nach dem Bekohlen vor auf den Platz zum Löschen und dann zum Ausschlacken. Beide Arbeiten können auch zusammengefaßt werden, was eine Verkürzung der Anlage bringt. Bei Belegung des Platzes A weicht die folgende Lok auf den Platz B aus. Bei einem Bw dieser Größe müssen zwei Ausschlackgleise vorhanden sein. Gleichzeitig werden die Wasservorräte ergänzt.

Vor dem Vorrücken auf die Drehscheibe wird Sand gefaßt, sofern dies nicht schon vor dem Bekohlen geschah. Bei einem längeren Aufenthalt wird die Lok in den Schuppen fahren, besonders im Winter wegen der Gefahr der starken Abkühlung. Bei nur kurzer Verweildauer fährt sie auf ein Aufstellgleis im Freien. Bei der Fahrt zum Einsatz verläßt die Lok das Bw über das Ausfahrgleis.

Greifen wir noch einen Sonderfall heraus. Eine Rangierlok sucht das Bw während des Betriebs nur auf zur Ergänzung des Kohlen- und eventuell des Wasservorrats. Nach dem Bekohlen wird die Lok über das Umfahrgleis an den anderen Loks vorbei zur Drehscheibe geleitet. Wasser fassen kann sie vor dem Bekohlen oder am Ausfahrgleis.

Die Reihenfolge der Behandlungen beruht auf Erfahrungen und sollte nicht verändert werden. Auch bei einer räumlichen Trennung von Bekohlung und Ausschlacken, wie in einigen Planungsbeispielen vorgenommen, kommt das Bekohlen im Behandlungsablauf vor dem Ausschlacken. Es sollen nur zwei Gründe dafür genannt werden:

– Das Bekohlen geht rasch vonstatten, während zum Ausschlacken eine längere Zeit benötigt wird. Eine Ansammlung von Loks läßt sich dabei nicht vermeiden.

– Rangierloks verlassen nach dem Bekohlen das Bw sofort wieder. Die Bekohlungsanlage am Anfang ist deshalb verkehrsgünstig.

Diese grundsätzlichen Darlegungen sollen bei den Planungsbeispielen helfen, diese Vorschläge besser zu beurteilen, und den planenden Modellbahner in die Lage versetzen, einen eigenen Entwurf nach eisenbahntechnischen Gesichtspunkten richtig auszuführen. Und was für das große Bw gilt, muß vereinfacht auch für das kleine Bw einer Nebenbahn gelten.

Zusammenfassung

1. **Die Epoche prägt das Bild des Bw. Für die Modellbahn eignen sich die Epochen 2 und 3 mit Dampf- und später auch zunehmender Dieseltraktion.**

2. **Nur wer Art und Reihenfolge der einzelnen Behandlungen kennt, kann richtig planen.**

2
Vom Vorbild zum Modell

Der beste Ideenlieferant ist noch immer das Vorbild. An ihm kann man die Betriebssituation studieren und erkennt die Lage des Betriebswerkes zu den Gleisanlagen des Bahnhofs. Soll das Vorbild nicht genau ins Modell übertragen werden, lassen sich Variationen ableiten.

Die Anbindung des Betriebswerkes an den Bahnhof

Neben der wirklichkeitsnahen Gestaltung ist die Anbindung des Bw an den Bahnhofsbereich ein weiteres Problem. Grundsätzlich gilt:

– Bahnbetriebswerke liegen in der Nähe von Zugbildungs- und Lokomotivwechselbahnhöfen. Auch auf der Modellbahn muß das erkennbar sein durch eine abzweigende Strecke, durch Vorspann- oder Schiebedienst an einer Steilrampe oder durch Traktionswechsel.

– Das Bw soll günstig zu den Bahnsteiggleisen (Lokomotivwechsel- und Zugbildungsgleisen) liegen und mit diesen durch besondere Verbindungsgleise verbunden sein. Die Triebfahrzeuge sollen ihre Fahrt ungehindert und möglichst ohne Sägefahrten ausführen können.

– Für den flüssigen Ablauf der Behandlungen ist ein großer, in der Länge sich erstreckender Platzbedarf erforderlich (Abb. 2).

Keilform oder Seitenlage?

Im wesentlichen gibt es zwei Lagen eines Bahnbetriebswerkes, die in der Prinzipskizze Abb. 3 dargestellt sind.

1. Das Bw in Keilform zwischen den Streckengleisen (Beispiele: Crailsheim, Tübingen):

Der Vorteil dieser Lage besteht in kurzen Verbindungsgleisen zum Bahnhofsbereich. Eine Erweiterung der Bw-Anlage ist jedoch in vielen Fällen nicht möglich, und das Bw ist von der Straßenseite her oft schwer zugänglich. Die beengte Lage geht auf die Länderbahnzeit mit ihrem schwachen Verkehrsaufkommen zurück.

Für einen Modellbahnhof mit zwei sich trennenden Strecken bietet sich das Dreieck zwischen den auseinanderstrebenden Gleisen geradezu für diese Lösung an.

2. Das Bw in Außenlage (Seitenlage) neben den Streckengleisen (Beispiele: Freudenstadt, Rottweil):

Diese Lage an der Außenseite von Streckengleisen ist erheblich vorteilhafter, kann doch das Bw ohne Schwierigkeiten an das öffentliche Straßennetz angeschlossen werden. Auch eine Erweiterung ist in den meisten Fällen möglich. Bei der Außenlage lassen sich allerdings Kreuzungen mit den Streckengleisen nicht vermeiden.

Auf der Modellbahn läßt sich ein solches Bw manchmal auf dem Platz zwischen Anlagenkante und den nach hinten laufenden Gleisen unterbringen. Hat das Bw aber größere Ausmaße, muß ein erheblicher Platz dafür vorgesehen werden.

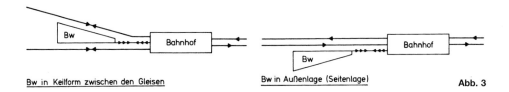

Bw in Keilform zwischen den Gleisen

Bw in Außenlage (Seitenlage)

Abb. 3

3. Das Bw abseits von anderen Betriebsanlagen:

Diese Lage ist die ideale Form für eine Modellbahn mit dem ausschließlichen Thema Bahnbetriebswerk. Das Bw muß dann aber mit einer ein- oder zweigleisigen Strecke an den Bahnhof angeschlossen werden, der selber gar nicht dargestellt werden muß. Eine normale Signalisierung der Verbindungsstrecke ist erforderlich.

Ein gutes Beispiel

Betrachten wir zur Vertiefung eine Vorbildsituation mit zwei kleinen Betriebswerken, die durchaus auf der Modellbahn verwirklicht werden können. Es sind dies die Außenstellen oder besser Lokstationen von Donaueschingen (Bw Villingen) und Neustadt/Schwarzwald (Bw Freiburg).

Durchgehende Züge von Ulm über Immendingen und durch das Höllental nach Freiburg machen in Donaueschingen Kopf. Regionalzüge und Nahgüterzüge haben dort ihren Ausgangspunkt, vor allem die Züge der MEG nach Furtwangen. Abb. 4 zeigt den kleinen Rundschuppen der Lokstation mit einer bescheidenen Bekohlung etwa Ende der fünfziger Jahre. Der Wasserturm war schon nicht mehr vorhanden. In Abb. 5 ist der Bahnhof Donaueschingen mit dem Spurplan aus dem Jahre 1959 abgebildet. Die Gleisführung ist verbürgt.

Die Hauptzufahrt ging über Gleis 21, das nur von den Bahnsteiggleisen 3, 4 und 5 über eine einfache Bogenkreuzungsweiche direkt angefahren werden konnte. Eine Hilfszufahrt führte über das mit einer Gleissperre gesicherte Gleis 20. Aus Gleis 1 ist das Bw nur mit Sägefahrten zu

erreichen, entweder über die Gleisverbindung vor dem Güterschuppen nach Gleis 2 und weiter über Gleis 3 und 4 oder über das Streckengleis in Richtung Freiburg und zurücksetzen nach Gleis 3.

In der Anschlußvariante, basierend auf der heutigen Gleisanlage unter Einbeziehung des Bw, ist gegenüber der Vorbildlösung das Gleis 20 an das Gleis 2 angeschlossen. Die Zuglok des Ulmer Zuges kann nach dessen Weiterfahrt über die einfache Kreuzungsweiche (Ausfahrt Richtung Freiburg) nach Gleis 2 zurücksetzen und erreicht ohne Sägefahrt über Gleis 20 die Lokstation. Die Bw-Einfahrt über Gleis 21 ist durch den Wegfall der einfachen Bogenkreuzungsweiche ebenfalls vereinfacht.

In der Lokstation waren badische Tenderloks der Reihe 75.4 und 75.10–11 (bad Vlc) für den Streckendienst und der Reihe 92.2–3 (bad Xb) für den Rangierdienst eingestellt. Verwaltungsmäßig gehört die Bw-Außenstelle zum Bw Villingen.

Außer diesen Maschinen für den Regionaldienst suchten die Ulmer Loks der Reihen 18.1, 18.4–5 und später die 03 das Bw auf, um die Kohlen- und Wasservorräte zu ergänzen. Das Personal benutzte die Zeit des Stillagers für Wartungsarbeiten, sofern nicht zwischendurch kleinere Dienste vor Personenzügen anfielen.

Der im Plan genannte Durchmesser der Drehscheibe von 16 m ist verbürgt. Da aber die oben genannten Schnellzug-Lokomotiven auf dieser Drehscheibe gewendet wurden, müßte die ursprüngliche Drehscheibe gegen eine größere von mindestens 20 m Durchmesser ausgewechselt worden sein. Teilweise wurden die Loks auch in Villingen gedreht.

Abb. 4

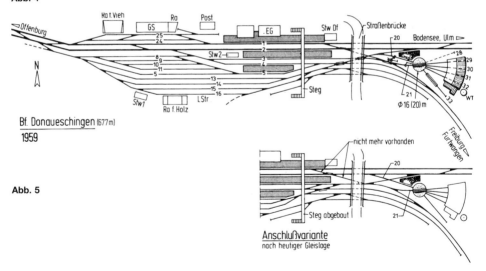

Abb. 5

Der Bahnhof Neustadt im Schwarzwald (Abb. 6) hat zwei Lokschuppen, einen für Dampf- und Diessellokomotiven und einen für Elloks. Der Dampflokschuppen ist ein Rechteckschuppen, vor dem die Bekohlungsanlage (Gleis 13) und die Schlackengrube (Gleis 14) angeordnet waren. Die Drehscheibe mit 20 m Durchmesser ist neben dem Schuppen direkt am Berghang plaziert.

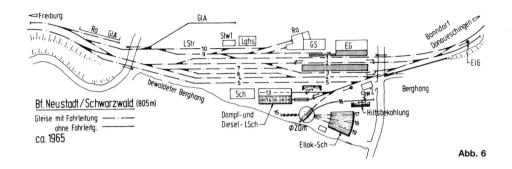

Abb. 6

Der Anlagenentwurf

Der Ellokschuppen ist ein hölzerner Rundschuppen, der nur über die Drehscheibe erreicht werden kann. Er wurde später dazugebaut, und das war nur an dieser Stelle möglich. Neben dem Ellokschuppen ist eine Hilfsbekohlung am Gleis 16 angeordnet.

Die Anbindung dieser Außenstelle des Bw Freiburg ist wegen der eingleisigen Strecke problemlos. Der Dampflokschuppen war ohne Fahrdraht, während Drehscheibe und Schuppengleise des Rundschuppens überspannt waren. Zum Bau der Oberleitungsspinne über einer Drehscheibe kann in Kapitel 11 nachgelesen werden.

Zum Einsatz der Triebfahrzeuge sollen noch einige Worte gesagt werden. Die schweren Tenderloks der Reihe 85 wurden 1961 ausgemustert. Sie waren gemeinsam mit den leichteren Maschinen der Reihen 75.4 und 75.10–11 im Rechteckschuppen abgestellt, während die Höllentalmaschinen der Reihe E 244 im Rundschuppen zu Hause waren. Die kleinen Tenderloks wurden auf den Strecken nach Donaueschingen und Bonndorf und in der anderen Richtung bis Hinterzarten und nach Seebrugg eingesetzt. Auf die Steilrampe durften nur die Reihe 85 und die E 244. Vor Güterzügen und auch vor Personenzügen waren Lokomotiven der Reihe 50 zu sehen. Im Bw-Ast haben diese Loks aber nur Wasser und Kohle gefaßt.

Abb. 7 gibt einen Eindruck vom Zustand der Bw-Anlagen Anfang der 80er Jahre.

In Abb. 8 wird ein Entwurf für eine Anlage in Baugröße H0 vorgestellt, in den die beiden Bahnhöfe eingearbeitet sind. Ob die Bahnhöfe mit allen Gleisen oder in reduziertem Umfang übernommen werden, bleibt jedem selber überlassen. Wichtig für unsere Betrachtungen sind allein die betrieblichen Möglichkeiten dieses Entwurfs und die beiden, zugegeben bescheidenen Betriebswerke. Gegenüber vielen Anlagen haben sie aber den Vorteil, daß sie betrieblich begründet sind, auch was ihre Größe betrifft. Trotzdem ist man bei maßstäblicher Planung überrascht, wieviel Platz diese kleinen Lokstationen brauchen.

Für den Entwurf wird im Bw-Ast Donaueschingen eine Einheitsdrehscheibe von 26 m Durchmesser (H0: 300 mm) und einer Teilung der Schuppengleise von 15° verwendet. Dadurch kann der Schuppen näher an die Drehscheibe herangerückt werden. Alle Schlepptenderloks können darauf gedreht werden.

In der Neustädter Außenstelle sollte die vorgestellte Situation beibehalten werden, weil sie betrieblich außerordentlich reizvoll ist: Dampfloks im Rechteckschuppen und Elloks im Rundschuppen. Eine 20-m-Drehscheibe in H0 gibt es bei Hapo oder Roco. Eine andere Möglichkeit ist der Umbau der H0-Handdrehscheibe von Fleischmann oder einer N-Drehscheibe mit elektrischem Antrieb, die mit H0-Schienen und einer neuen Bühnenabdeckung versehen wird. Die

Abb. 7

Abb. 8

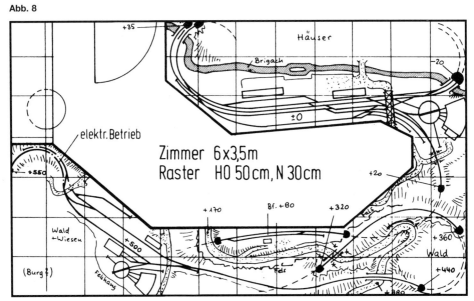

Teilung der Schuppengleise könnte 7,5–10°
betragen.

Wer die Anfertigung einer Oberleitungsspinne
über der Drehscheibe scheut, benutzt den
Rechteckschuppen für Elloks und den Rundschuppen für Dampfloks. Dann entfällt die
Bekohlung an Gleis 13 und die Schlackengrube
in Gleis 14. Die Untersuchungsgruben im
Schuppen werden auch für die Elloks benötigt.
Eine Schlackengrube sollte in den Gleisen 15
und 16 vorgesehen werden. Der Wasserkran
steht dann zwischen Gleis 16 und der Zufahrt zur
Drehscheibe.

An Lokschuppen steht eine genügend große
Anzahl von Modellen zur Verfügung. Schuppen
in der charakteristischen, auf den Bildern
ersichtlichen Form müssen allerdings wiederum
selber gebaut werden. Beide Neustädter
Schuppen waren aus Holz, der von Donaueschingen war gemauert.

Eine Anlage mit viel Betrieb

Machen wir uns nochmals die Betriebssituation
klar. Der zweimalige Lokwechsel und der Wech-
sel der Traktionsart erfordert die Bereitstellung
der Maschinen in zwei Betriebswerken, die aufgrund der anfallenden Leistungen mit drei bis
vier Schuppengleisen auskommen. Nicht die
Größe der Bw-Anlagen, sondern ihre Notwen-
digkeit macht den Reiz aus. Und keiner soll
sagen, man könne damit keinen regen Betrieb
machen.

Verfolgen wir anhand des Entwurfs in Abb. 8 den
Weg des Eilzuges Ulm – Freiburg auf dem Weg
von Donaueschingen nach Neustadt. Der
soeben auf Gleis 1 im Bahnhof eingefahrene Zug
wird von der Zuglok getrennt. Eine 75er fährt aus
der Lokstation aus und übernimmt den Eilzug.
Die Ausfahrt geht dann von Gleis 1 direkt auf die
Freiburger Strecke.

Abb. 9

Die Zuglok des Eilzuges fährt über Gleis 20 (nach Anschlußvariante) oder über Gleis 21 (Originalplan) in das Bw, ergänzt die Kohlenvorräte, wird gedreht und anschließend abgestellt. Bei Bedarf übernimmt sie einen Personenzug im Regionalverkehr.

Der Eilzug hat inzwischen über die Strecke durch den Schwarzwald den Bahnhof Neustadt erreicht. Die Tenderlok trennt sich vom Zug und fährt über die Gleise 2, 3 und 5 in den Lok-

schuppen. Zuvor werden gegebenenfalls die Vorräte ergänzt. Die Ellok E 244 übernimmt den Zug in Richtung Freiburg.

In der Gegenrichtung fährt der Eilzug in Donaueschingen in Gleis 3 ein. Die Tenderlok wird abgehängt und fährt über Gleis 4 und Gleis 21 zur Lokstation. Die Schlepptendermaschine hat in der Zwischenzeit das Bw ebenfalls über Gleis 21 verlassen und setzt sich vor den Zug nach Ulm.

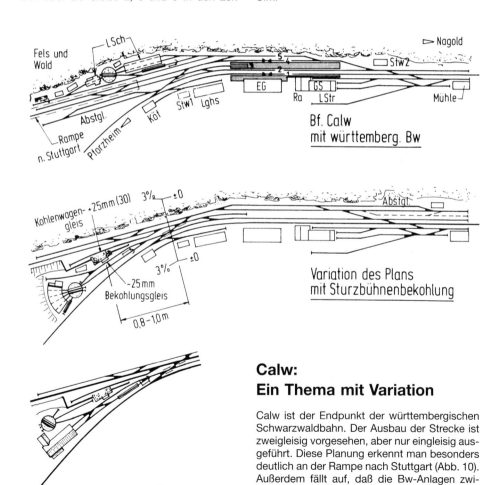

Abb. 10

Calw:
Ein Thema mit Variation

Calw ist der Endpunkt der württembergischen Schwarzwaldbahn. Der Ausbau der Strecke ist zweigleisig vorgesehen, aber nur eingleisig ausgeführt. Diese Planung erkennt man besonders deutlich an der Rampe nach Stuttgart (Abb. 10). Außerdem fällt auf, daß die Bw-Anlagen zwischen den Strecken- bzw. Bahnhofsgleisen und

Abb. 11

dem Berghang wenig Platz finden. Einen Eindruck davon, vom Bahnsteig aus gesehen, gibt Abb. 9. Trotzdem konnten im langen Rechteckschuppen sechs Maschinen und im kleinen Schuppen nochmals zwei Loks abgestellt werden. Das waren vorwiegend Schlepptenderloks der Reihe 57 und Tenderloks der Reihen 86, 93 und 94. Die Bekohlungsanlage ganz hinten am Umfahrgleis war mit einem Einheitsbekohlungskran gut ausgestattet.

Die Drehscheibe (Abb. 11) hatte wahrscheinlich eine Brückenlänge von 20 m (beim H0-Modell 230 mm) und war ganz abgedeckt. Die Lage am Berghang ist deutlich zu erkennen und kann als Vorlage für den Nachbau benutzt werden.

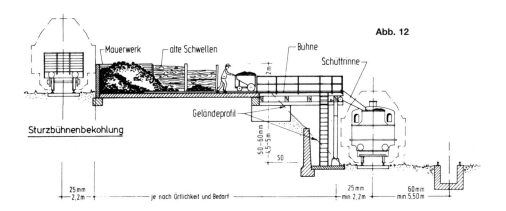

Abb. 12

Das Betriebswerk liegt in der bereits bekannten Seiten- oder Außenlage und wird benötigt für den Steilrampenbetrieb mit Loks für den Zugdienst und den Vorspann- bzw. Schiebedienst. Beide Hauptstrecken sind eingleisig. Ein zweigleisiger Ausbau ist, wie oben beschrieben, möglich. Auf der Strecke durchs Nagoldtal verkehren auch Eilzüge und zwei bis drei Schnellzüge oder Reisebüro-Sonderzüge. Auch dieser Bahnhof bietet als Modellbahn-Vorschlag erheblichen Reiz. Zudem gibt es das Bahnhofsgebäude als H0-Modell (Kibri) zu kaufen.

Der durchgehende Zugverkehr Pforzheim–Nagold läuft über die Gleise 1 und 2. Ein lokbespannter Zug aus Richtung Weil der Stadt/Stuttgart fährt über die Gleisverbindung in Höhe der Drehscheibe nach Gleis 4 ein. Der Schienenbus beginnt und endet seine Fahrt im Stumpfgleis 3. Nahgüterzüge verkehren über Gleis 5.

Die aus dem Plan ersichtlichen Höhendifferenzen regen zu einem anderen Bw-Vorschlag an: Zu einer Sturzbühnenbekohlung, eingebettet in Keilform zwischen den beiden Streckengleisen. In der Variante zu Abb. 9 wird ein Vorschlag mit einem Rundschuppen unterbreitet. Die Drehscheibe wird für die Zufahrt zum Schuppen und zum Wenden der Schlepptenderlokomotiven benötigt. Beim Vorschlag mit dem Rechteckschuppen kann die Drehscheibe entfallen, wenn im Bw ausschließlich Tenderloks beheimatet sind.

Die Umarbeitung des Gleisplanes in einen Anlagen-Entwurf bleibt dem Leser überlassen. Ein Rat sollte jedoch beherzigt werden: Haben Sie viel Geduld, eine Menge Papier, einen guten Radiergummi, und zeichnen Sie unbedingt maßstäblich (M 1:10 oder M 1:20).

Die angegebenen Höhen sind Richtwerte. Es empfiehlt sich, die Rampe mit 30–35 ‰ (= 3 bis 3,5 %) ansteigen und die Pforzheimer Strecke mit nur 25 ‰ (= 2,5 %) geringer fallen zu lassen. Der Eindruck der Steilrampe wird dadurch verstärkt. Auf jeden Fall muß zwischen Kohlenwagengleis und Bekohlungsgleis eine Höhendifferenz aus technischen Gründen von 50–60 mm vorhanden sein (Abb. 12).

Zusammenfassung

1. **Die beste Lösung entsteht durch den Nachbau eines Vorbildes.**

2. **Größe und Art des Bahnbetriebswerkes ergibt sich aus den betrieblichen Erfordernissen.**

3. **Die Lage richtet sich nach dem Streckenverlauf und den landschaftlich gegebenen Platzverhältnissen.**

4. **Wer ein großes Betriebswerk bauen möchte, sollte dies zum alleinigen Anlagenthema machen.**

3

Die Bw-Ecke auf der Modellbahn

Im vorigen Kapitel war der Anlagen-Entwurf aus einer konkreten Vorbildsituation entstanden. Hier sollen nun Lösungen aufgezeigt werden, die beliebig verwendbar sind. Das gilt vor allem für Entwürfe, die keinen konkreten Bahnhof zum Vorbild haben, aber nach eisenbahntechnischen Gesichtspunkten gestaltet werden.

Wie die Überschrift schon sagt, wird in vielen Fällen das Bw in irgendeine freie Ecke hineingebaut. Grundsätzlich kann man zwei Formen unterscheiden.

1. Das integrierte Bw, das sich auf der Anlagenplatte (Rahmenkonstruktion) befindet.

2. Das angesetzte Bw, das sich eventuell abnehmbar auf einem Konsolbrett oder auf einer besonderen Platte (Rahmen) befindet.

Welche der beiden Lösungen vorzuziehen ist, kann man schlecht sagen. Das hängt von einer Reihe von Faktoren ab wie Raumgröße, Anlagenthema, Erweiterung einer bestehenden Anlage und andere Gründe mehr.

Das integrierte Bw

Eine beliebte Lösung ist, ein Betriebswerk mit einem größeren Rundschuppen so zu legen, daß eine Strecke in einem großen Bogen darum herumführt. Eine zweite Strecke könnte dann auf der anderen Seite vorbeigeführt werden (Abb. 13), so daß die typische Keilform entsteht. Bei einem Kopfbahnhof oder einem Trennungsbahnhof ist dies eine bewährte Lösung.

Bei einem Durchgangsbahnhof mit dem Schwerpunkt Fahrbetrieb bietet sich eine Anordnung in Seitenlage wie in Abb. 14 an. Dabei ist zu beachten, daß man ohne Hilfsmittel nur bis zu einer Entfernung von etwa 1,2 m in die Anlage hineingreifen kann.

Die sprichwörtliche Bw-Ecke ist auf der Anlage Tappert hervorragend gestaltet. Abb. 15 zeigt die großen Abmessungen, die dieses mittlere Bw benötigt. Geschickt ausgenutzt ist der Platz hinter dem Rundschuppen für die Rechteckhalle der Dieselloks. Abb. 16 vermittelt einen Eindruck vom Dampflokteil dieses Betriebswerkes.

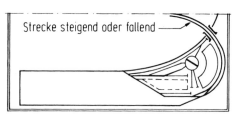

Abb. 13

Abb. 14

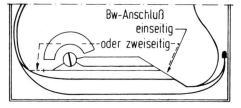

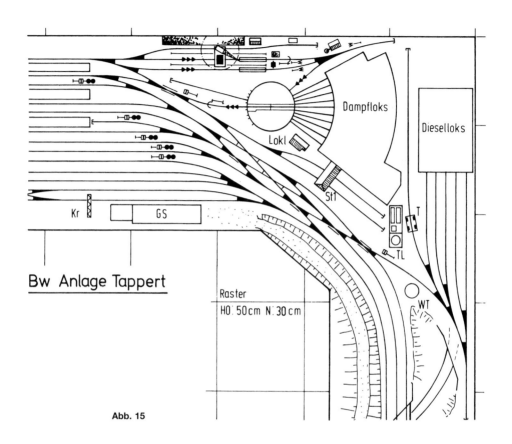

Bw Anlage Tappert

Raster
HO: 50 cm N: 30 cm

Abb. 15

Ein integriertes Bw bescheidenen Ausmaßes (Einsatz-Bw bzw. Bw-Außenstelle) ist auf den Abb. 17 und 18 zu sehen.

Das kleine Bw liegt neben den beiden Hauptstrecken in Seitenlage, von denen eine um den Lokschuppen herum zum Schattenbahnhof führt. Eingeengt ist das Bw zusätzlich durch die im Hintergrund verlaufende, höher liegende Strecke.

Auf dem zur Verfügung stehenden Platz von 110 mm x 560 mm für die Bekohlungsanlage bot sich diese Lösung an. Dabei hätte von der Bekohlungskapazität her ein einziger Kohlenkran genügt. Auf dem Gleisstummel an der Drehscheibe stehen zwei Schlackenwagen.

Das angesetzte Bw

Die Prinzipdarstellung zeigt Abb. 19. Ein abnehmbares, recht großzügig bemessenes Bw für Rangier- und Schiebeloks ist als Gleisplan in Abb. 20 und als Foto in Abb. 21 dargestellt. Man beachte die großzügige Platzaufteilung, die echte Betriebsatmosphäre vermittelt, weil die Abstände stimmen. Gleise und Bauten, mit Ausnahme der Dieseltankstelle, sind Erzeugnisse der Fa. Auhagen. Die gute Vorbildauswahl dieser Modelle sollte bei der eigenen Planung eines kleinen Bw berücksichtigt werden.

Für ein Nebenbahn-Bw mit drei bis vier Lokomotiven benötigt man schon etwas mehr Platz, besonders wenn noch andere Behandlungsan-

Abb. 16

Abb. 17

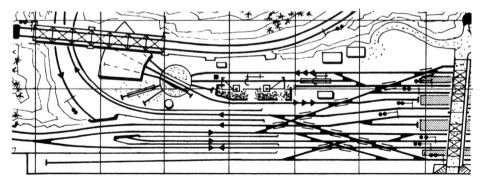

Abb. 18

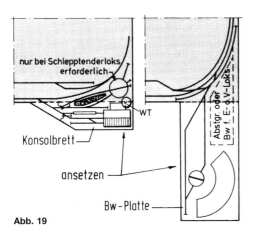

nur bei Schlepptenderloks
erforderlich

WT

Konsolbrett

ansetzen

Abstgr. oder
Bw f. E- o. V-LoKs

Bw-Platte

Abb. 19

Abb. 20

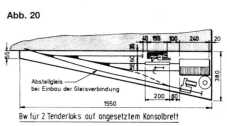

Abstellgleis
bei Einbau der Gleisverbindung

40 155 100 240 20

200 80

1550

380

Bw für 2 Tenderloks auf angesetztem Konsolbrett

Abb. 21

lagen vorhanden sind oder eine Wagenwerk-
stätte angegliedert ist. Es sind dann zusätzliche
Aufstellgleise für Loks und Abstellgleise für
Wagen einzuplanen. Liegt ein Teil des Bw auf der
Grundplatte, sollte die angesetzte Platte fest mit
der Grundplatte verbunden werden.

Abb. 22

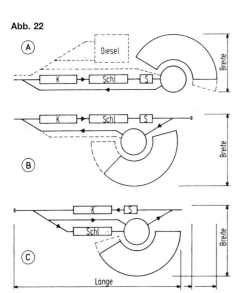

Natürlich kann man auch ein mittleres Bw auf
einer angesetzten Platte bauen. Die Abmessungen ergeben sich aus Umfang und Anordnung
der Behandlungsabläufe. Die größte Länge
erfordert Lösung A, während Ausführung C die
geringste Länge bei größerer Breite hat (Abb.
22). Der Platz neben dem Rundschuppen kann
anderweitig genutzt werden oder durch
Abschrägung entfallen.

Bei einem nachträglichen Einbau eines Bw bietet sich oft nur diese Lösung an. Dabei hängt es
von Art und Anzahl der Gleisübergänge zwischen den Platten ab, ob die Bw-Platte abnehmbar bleibt oder fest mit der Anlage verbunden
werden muß.

Zusammenfassung

**Eine allgemeingültige Aussage, ob ein Bw in
die Anlage integriert oder an die Anlage
angesetzt werden soll, kann nicht gemacht
werden. Das hängt von Argumenten ab, die
von Fall zu Fall verschieden sind. Bei einer
nachträglichen Erweiterung ist ein angesetz-
tes Bw leichter zu bauen.**

4
Handwerkliches

Beim Bau eines Bw genügt es nicht, allein die Bauten und Anlagen zu plazieren. Sie müssen den Behandlungsablauf erkennen lassen und fachgerecht eingebaut werden. Dazu ist manchmal ein Umbau des Zubehörs nötig oder zumindest zweckmäßig. Wie man das macht, erfahren wir im folgenden Kapitel.

Von der Planung zur Ausführung

Am Endbahnhof einer Nebenbahn ist ein kleines Betriebswerk mit einem Schuppen für zwei Lokomotiven, der Bekohlung und dem Wasserkran zu planen. Ein später hinzugekommener Kleinlokschuppen mit einer Dieseltankstelle steht separat. Ein Wasserturm wird nicht benötigt, weil der Wasserbehälter im Lokschuppen eingebaut ist, bzw. dieser sich im angenommenen Berghang befindet. Ein kleiner Güterschuppen am Nebengleis ist ebenfalls vorzusehen.

Für die Anfertigung des H0-Dioramas ergab sich eine Plattengröße von 32 cm x 80 cm (Abb. 23). Beim Einbau in eine bestehende Anlage müßte man an ähnlichen Platzverhältnissen ausgehen. In unserem Beispiel wurde ein Schmalspur-Bw unter Verwendung von möglichst vielen handelsüblichen Teilen gewählt. Dieses Bw wurde inzwischen auch als Normalspur-Bw von anderer Seite nachgebaut, wobei Fotos bestätigen, daß diese Planung sich ebensogut für die Normalspur eignet.

Vor dem Bau sollte man die Planung durch ein Modell im Maßstab 1 : 10 oder besser durch Aufstellen der Gebäude und Anlagen auf der Platte (Abb. 24) kontrollieren. Jetzt kann man noch Änderungen oder Verbesserungen vornehmen. Die zwischen den Gleisen vorgesehene Diesel-tankstelle wurde so zum Beispiel auf die Außenseite des Schuppengleises verlegt, weil diese Anordnung günstiger erschien.

Der Lokschuppen (Kibri) wurde so abgeändert, daß die Werkstatt seitlich statt auf der Rückseite angebaut ist. Aus dem Kibri-Besandungsportal entstand ein Verladekran, mit dem Ersatzteile und Radsätze abgeladen werden. Die Vollmer-Kleinbekohlung wurde so abgewandelt, daß sie den Vorstellungen des Erbauers entsprach. Als Wasserkran wurde der nach einer Länderbahnausführung aussehende Wasserkran von Pola in der Höhe gekürzt und auf einen Sockel von Kibri gestellt. Am Auslauf ist zusätzlich ein Schlauch angebracht.

Der Schlacken- und Löschebansen wurde unverändert dem Kibri-Bausatz entnommen. Der Diesellokschuppen und die kleine Dieseltankstelle sind Eigenbauten nach Vorbildern. Der Güterschuppen Krimml von Pola vervollständigt das Diorama. Die Nennung der Hersteller erfolgte in der Absicht, dem Leser aufzuzeigen, daß für eine individuelle Lösung oftmals Bausätze der verschiedenen Hersteller benötigt werden. Und gerade die individuelle und gute Lösung hebt den Modellbahner aus dem Kreis der Spielzeugbahner heraus.

Bei der Auswahl eines geeigneten Lokschuppens ergaben sich Schwierigkeiten, weil alle Bausätze für Normalspurloks oder in wenigen Fällen für Feldbahnloks gebaut sind. Gerade der

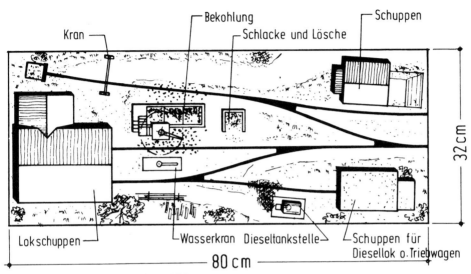

Kran — Bekohlung — Schlacke und Lösche — Schuppen

32 cm

Lokschuppen — Wasserkran — Dieseltankstelle — Schuppen für Diesellok o. Triebwagen

— 80 cm —

Kleines Bw für HO + HOe

Abb. 23

Abb. 24

letztgenannte Schuppen von Pola erschien doch zu amerikanisch und zu verfallen, als daß man ihn für eine süddeutsche Bahn hätte verwenden können. Also blieb in diesem Falle nur der Kibri-Schuppen in Anlehnung an den Beilsteiner Lokschuppen übrig. Wenn man den Steinsockel um gut die Hälfte kürzt, wäre das für einen Schmalspurschuppen günstiger. Trotzdem kann sich das Ergebnis sehen lassen.

Ist nun die Planung überprüft und bestätigt, werden zuerst die Gleise verlegt und eingeschottert. Danach baut man die Gebäude und die Anlagen fest ein. Das Gelände kommt zum Schluß dran. Neben den Wegen, die teilweise mit sehr feinem Sand oder einer Spachtelmasse aus Gips, Moltofill, Leim, Wasser und Farbe zur Abtönung gestaltet werden, ist in einem Bw dieser Größe viel Gras zu finden. Der Schlackenbansen wird gefüllt mit feinem Sand und Asche bzw. feingesiebter Erde, die man auf den Leim streut.

Gemahlene Kohle mit feiner, aber unterschiedlicher Körnung gibt dem Kohlenlager ein realistisches Aussehen.

Zum Schluß werden mit dem Pinsel oder mit der Spritzpistole farbliche Tupfer aufgesetzt. Im Umkreis des Kohlenkrans und auf der anderen Seite beim Ausladen der Kohle ist der Boden mit schwarzgrauer Farbe zu dunkeln und sind verschüttete Kohlenstücke aufzukleben. Im Bereich der Dieseltankstelle ist der Boden wegen der Ölflecken ebenfalls zu dunkeln. Abb. 25 zeigt die Gestaltung im Detail.

Zusammenfassung

1. Nur eine sorgfältige Planung führt zum gewünschten Erfolg.

2. Die Planung sollte in Originalgröße oder bei größeren Anlagen im Modell überprüft werden.

Abb. 25

Das Kohlenlager

Einen größeren Platz nimmt in jedem Bw das Kohlenlager ein. Die Größe hängt von der Anzahl der zu versorgenden Lokomotiven und der Art des Dienstes ab. Inzwischen werden eine Vielzahl von Modellen für jeden Verwendungszweck angeboten. Die Ausführung ist jedoch sehr unterschiedlich und bedarf teilweise einer Verfeinerung.

Im einfachsten Fall lagert die Kohle neben dem Gleis und wird mit der Schaufel, mit Körben oder mit einem Förderband, wie z. B. in Mügeln (Abb. 26), eingeladen. In den meisten Fällen jedoch wird das Kohlenlager durch stabile Wände aus Mauerwerk oder Beton umgrenzt, und zur Bekohlung ist ein Kran vorhanden. Diese Lager nennt man Kohlenbansen.

Bei der Erweiterung der Lager wurden als Wände öfters alte Schwellen verwendet, die man waagerecht zwischen Schienen, die im Boden verankert waren, einsetzte. Statt Schienen nahm man auch H- und U-Profile. Das ergibt auch auf der Modellbahn eine reizvolle Lösung. Wenn die Umfassungswände nicht höher als etwa 0,8 m sein müssen, können auch alte Schwellen senkrecht, dicht und ohne Abstand nebeneinanderstehend eingegraben werden, wie es vormals im Bw Ansbach der Fall war.

Abb. 27 zeigt die nebenbahntypische Bekohlungsanlage des Bahnhofs Erfurt West an der früheren Kleinbahn Erfurt – Nottleben. Hier entstand in den 80er Jahren ein kleines Museums-Bw, das die Lokomotiven der Traditionszüge, die meist an Sommerwochenenden verkehrten, versorgte. Das Kohlenlager besteht aus vertikal eingerammten Schienenstücken und horizontal dazwischengestapelten Eisenbahnschwellen. Die Kohlenhunte werden am Fuß des Kohlenberges mit Schaufeln beladen, ehe sie der nostalgische Kran zum Leeren über den Kohlenkasten der Lok befördert.

Beengte Platzverhältnisse oder der Wunsch nach einer individuellen Lösung fördern den Eigenbau. Als Beispiel dient die Bekohlung auf der Clubanlage des MEC Stuttgart aus dem Jahre 1962, die inzwischen als Diorama weiterbesteht, während der Anlagenteil einem Neubau weichen mußte. Die Abbildungen 28 und 29 geben einen Eindruck davon. (Siehe auch Abb. 17 und 18 auf den Seiten 22 und 23.)

Der Platz war mit 110 mm x 560 mm vorgegeben. Ursprünglich sollte ein rechteckiger Bansen mit Betonwänden gebaut werden. Doch damals gab es außer dem Hochbunker und der Kleinbekohlung von Vollmer keine geeigneten Bausätze und schon gar keinen Kran für den Hochbunker. Außerdem war der vorgesehene Bansen für die Bw-Ast mit drei Schuppengleisen, einem Schlackengleis und einem Aufstellgleis zu groß geplant. Also wählte man ein in der Ausdehnung recht großzügig bemessenes und dadurch aufgelockertes, aber in der Speicherkapazität kleineres Lager. Die Aufstellung von zwei Bekohlungskranen war erforderlich, weil in der Hauptverkehrszeit mehrere Lokomotiven gleichzeitig Kohlen fassen mußten. Das Ausschlacken und das Löscheziehen war in diesem Falle nicht erforderlich, also auch nicht einzuplanen. Die anfahrenden Loks verließen die Bw-Ast sofort wieder oder nach einem kurzen Ruhelager, für das die vorhandenen Schuppen- und Aufstellgleise ausreichten.

Ein allseitig geschlossener Bansen war in diesem Falle nicht notwendig. Es genügte, das Ausfahrgleis abzuschirmen, die beiden Stirnseiten und den Teil gegenüber dem Besandungsturm. Die restliche Seite zum Bekohlungsgleis konnte offen bleiben, da die Kohle zwischen den Wänden und dem Kohlenhuntgleis gelagert wurde.

Die linke Stirnseite und die daran anschließende Seite am Ausfahrgleis wurden als der älteste Teil des Kohlenlagers mit einem Ziegelmauerwerk von 2 m Höhe (H0: 23 mm) eingefaßt. Mauerpfeiler entfallen wegen der geringen Lagerhöhe der Kohle. Allerdings muß das Mauerwerk 1½ Ziegelsteine stark sein (nach altem Maß 38 cm). Im Modell entstand das Mauerwerk aus einem 3–4 mm starken Sperrholz, das beidseitig und oben auf der Mauerkrone mit Ziegelfolie beklebt wurde. Bei höheren Wänden aus Mauerwerk und der damit verbundenen größeren Lagerhöhe ist der Seitendruck der Kohle größer und muß durch Stützpfeiler abgefangen werden.

Abb. 26

Abb. 27

Auf der Seite des Bekohlungsgleises wie auch im Erweiterungsfall – der zweite Kran kam auch erst später hinzu – sind H- und U-Profile 2,5 mm aus Messing in entsprechende Bohrungen des Anlagenbrettes im Abstand von ca. 29 mm eingeklebt. Das entspricht beim Vorbild einem Abstand von ca. 2,5 m. Die maximal 1,5 m (H0 17 mm) hohen Wände wurden aus dunkel gebeizten Sperrholzbrettchen von 2 mm Stärke gefertigt, in die kräftige Fugen eingeritzt sind. Dadurch entsteht der Eindruck, als ob es einzelne Schwellen seien. Die U-Profile werden jeweils am Ende einer Wand oder an einer Ecke eingesetzt.

Es sind aber auch Beispiele bekannt, bei denen die Kohlenlagerwände aus alten Schwellen und Stahlprofilen eine Höhe von 2,5 m (H0 29 mm) hatten.

Das Gleis für die Kohlenhunte würde man heute mit einem Gleis der Spur N oder Z verlegen. Damals hatte man sich nach der Spurweite der Vollmer-Kohlenhunte zu richten. Das Gleis verläuft längs im Kohlenlager und schwenkt etwas zur Seite wegen eines Abstellgleises. Vor jedem Kran ist eine Drehscheibe ohne Schienen (beim Vorbild aus Stahlblech, im Modell aus Blech oder dünnem Sperrholz), damit die Kohlenhunte direkt vor die Kräne gefahren werden können. Auf der anderen Seite ist Platz für die Bereitstellung von je zwei beladenen Hunten.

Mit der schon weiter vorn beschriebenen Spachtelmasse, die durch Beimischung von Farben einen schmutzigen und dunklen Grundton erhält, wurde der Boden des Kohlenlagers bestrichen und wurden die Huntgleise bis zur oder über die Oberkante der Schwellen eingebettet. Es ist wichtig, daß die Spachtelmasse immer entsprechend des darzustellenden Bodens eingefärbt wird, damit bei nachträglichen Abtragungen nicht die weiße Grundfarbe zum Vorschein kommt.

Ein weiteres Problem war die realistische Gestaltung der Kohlenhalden. Einerseits sollte der linke, ältere Teil gut gefüllt sein, während der Teil ganz rechts fast leer sein konnte. Zum Modellieren des Grundkörpers bietet sich heute Styropor an, wobei allerdings die damals angewandte

Bauweise mit eingeweichtem Zeitungspapier, das mit Leim und schwarzer Farbe getränkt wurde, auch heute noch nicht aus der Mode ist. Nach dem endgültigen Gestalten wurden die inzwischen ausgehärteten Grundkörper kräftig mit Weißleim bestrichen und darauf gemahlene Lokomotivkohle gestreut.

Sobald die überschüssige Kohle entfernt war, wurden die Feinheiten nachgebildet, teils mit schwarzer Farbe, teils mit Leim und Kohlengrus. Letzteres war erforderlich im Schwenkbereich der Kräne und im Bekohlungsgleis, aber auch außerhalb der Umfassungswände, da beim Ausladen immer etwas Kohle danebenfällt. Der Boden des Kohlenlagers, der nicht von Kohle bedeckt ist, erhielt eine schmutzigbraune bis grau-schwarze Färbung. Die Drehscheiben wurden rostigbraun gestrichen. Zum Schluß wurden die Umfassungswände gealtert, beim Mauerwerk, um das frische Rot zu dämpfen, und bei den Holzwänden, um die Verschmutzung und die Ausbleichung durch Wind und Wetter darzustellen.

Die von der ehemaligen Deutschen Reichsbahn gebauten Kohlenlager für Großbekohlungsanlagen hatten in der Regel Betonwände bis zu einer Höhe von 3 m bei einer Kronenbreite von 30–40 cm. Man sollte dies auch im Modell beachten.

Zusammenfassung

1. Größe, Art und Ausführung müssen zum gewählten Bw-Thema passen.

2. Nur eine sorgfältige Gestaltung erzeugt einen realistischen Eindruck.

Untersuchungsgruben und Arbeitsgruben

Die Untersuchungs- und Arbeitsgruben sind typische Bestandteile der Betriebswerke und unerläßlich zur Nachschau und zum Unterhalt bei Dampfloks und älteren Elloks. Untersuchungsgruben sind im Freien meist vor der Bekohlung, Arbeitsgruben hingegen in der Halle

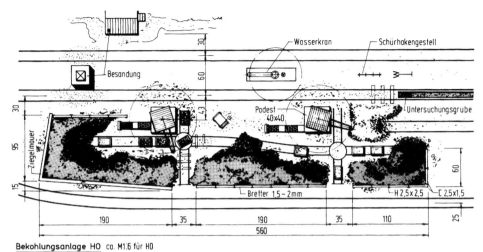

Wasserkran

Schürhakengestell

Besandung

Podest 40×40

Untersuchungsgrube

Ziegelmauer

Bretter 1,5–2mm

H 2,5×2,5 ⌐ 2,5×1,5

30

60

43

30

95

15

60

25

190 35 190 35 110

560

Bekohlungsanlage HO ca. M1:6 für HO

Abb. 28

Abb. 29

angeordnet. Sie haben in der Regel an beiden Stirnseiten Treppen mit vier bis fünf Stufen bei einer Tiefe von 1 m bis 1,2 m. Das leichte Gefälle braucht im Modell nicht unbedingt dargestellt werden.

Im Schuppen ist in der Regel jedes Gleis mit einer Arbeitsgrube versehen, die sich über die ganze Standlänge erstreckt. Die Vorderkante der obersten Stufe sollte einen waagerechten Abstand von 1 m zu den Puffern haben, damit das Personal ohne Behinderung unter die Maschine gelangen kann.

Das Innere des inzwischen aufgegebenen Lokschuppens auf dem Bahnhof Oldisleben – Endpunkt der früheren, nur 4,5 km langen Esper-stedt-Oldislebener Eisenbahn im Thüringer Becken – zeigt Abb. 30. Die einständige Remise mit turmartigem Anbau (vgl. Abb. 67 auf S. 58) verfügt über eine Untersuchungs- und Arbeitsgrube. Die vier Treppenstufen reichen aus, um tief genug unter die Lok zu kommen.

In der H0-Modellumsetzung sollte solch eine Grube nicht länger als 200 mm sein. Zur sauberen und spurtreuen Verlegung der Schienen bedient man sich der Spurlehre von Hobbyecke Schuhmacher. Die Schienen werden entweder direkt auf dem Schuppenboden ausgerichtet und aufgeklebt oder, wenn die Kleineisenteile sichtbar sein sollen, auf mittig ausgesparten Schwellenrosten befestigt. Die Schwellenstümpfe sollten allerdings nicht sichtbar bleiben

Abb. 30

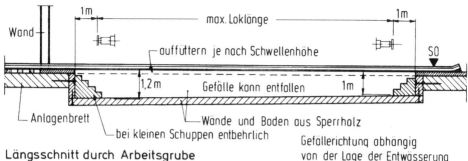

Längsschnitt durch Arbeitsgrube

Gefällerichtung abhängig
von der Lage der Entwässerung

Abb. 31

und werden unter einer Schicht Spachtelmasse verborgen.

In Abb. 31 ist der Längsschnitt und in Abb. 32 der Querschnitt (M 1:1 für H0) durch eine Untersuchungs- bzw. Arbeitsgrube dargestellt. Die Wände und der Boden sind teils aus Beton, teils mit Mauerwerk ausgeführt. Als Treppenstufen verwendet man eine übrig gebliebene Treppe aus einem Bausatz oder nimmt glatt geschliffene Leisten von 2,5 mm Stärke.

Die Ausschlackanlagen

Im kleinen Bw wird die Schlacke und die Asche unmittelbar in die Ausschlackgrube abgezogen. Das Verladen von Hand ist bis zu einer Tagesleistung von 15 Lokomotiven zu vertreten. Die ideale Ausführung einer solchen Ausschlackgrube mit Löschebansen zeigt Abb. 33.

Bei größeren Leistungen im mittleren und großen Bw werden maschinelle Verladeeinrichtungen eingesetzt. Man unterscheidet dabei zwei in der Ausführung unterschiedliche Anlagen:

– die Ausschlackanlage mit Bockkran (Abb. 34), seltener mit Schrägaufzug;

– die Ausschlackanlage mit Schlackensumpf (Abb. 35), zur Verladung benötigt man einen Greiferdrehkran.

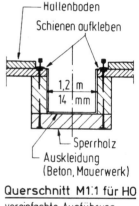

Querschnitt M1:1 für H0
vereinfachte Ausführung

Abb. 32

Abb. 33

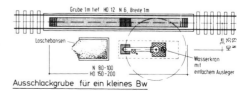

Ausschlackgrube für ein kleines Bw

Abb. 34

Abb. 35

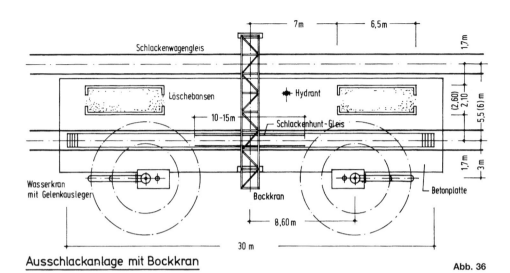

Ausschlackanlage mit Bockkran

Abb. 36

Die Ausschlackanlagen mit Bockkran oder Schrägaufzug

Ein nicht zu übersehendes Modell stellt der Bockkran über dem Ausschlackgleis dar. Im mittleren Bw ist ein Ausschlackgleis, im großen Bw sind zwei Ausschlackgleise vorhanden. Der Kran reicht bis über das Schlackenwagengleis. Zwischen den Gleisen sind bei einer kurzen Anlage die Löschebansen angeordnet.

Bei der in Abb. 36 und als Querschnitt in Abb. 37 gezeigten Anlage wird direkt in die Schlackenkarren in der Grube entschlackt, die auf einem Gleis – hier auf dem Grubenboden – verfahrbar sind. Nach dem Ablöschen mit Wasser werden die Schlackenkarren mit dem Bockkran in die bereitstehenden Schlackenwagen entleert. Die Wasserkräne stehen wegen den Löschebansen außerhalb des Gleises, bei zwei Ausschlackgleisen dazwischen. In der Abbildung sind Wasserkräne mit Gelenkauslegern gezeichnet.

Im Modell kann mit etwas Geschick die Brawa-Signalbrücke (H0) zu einem Schlackenbockkran

umgebaut werden, sofern man auf den völligen Selbstbau verzichten will. Die Laufkatze und die Schlackenkarren müssen dabei selbst angefertigt werden.

Die Kranträger müssen in diesem Fall aus 4 mm hohen I-Profilen aus Messing hergestellt werden. Als Kranlaufschienen werden Blechstreifen 1 mm x 0,5 mm aufgelötet. Am Ende der Laufschienen sind kleine Puffer für die Laufkatze angebracht. Die Herstellung der Laufkatze bleibt der Phantasie des Erbauers überlassen.

Abb. 38 zeigt eine derartige Anlage als H0-Modell von Faller. Auf dem Foto ist zu sehen, daß die Lösche frei zwischen den Ausschlackgleisen gelagert wird. Ein kleiner Löschebansen wäre zu empfehlen.

Jedoch nun ein Wort zur Herstellung der Ausschlackgrube, für die natürlich grundsätzlich das gilt, was im Kapitel Untersuchungsgruben gesagt wurde. Es sind aber hier einige Besonderheiten zu beachten. Die Ausschlackgruben sind am Boden wie an den Seitenwänden mit feuerfesten Steinen ausgemauert, was im Modell durch das Verkleiden mit Mauerfolie

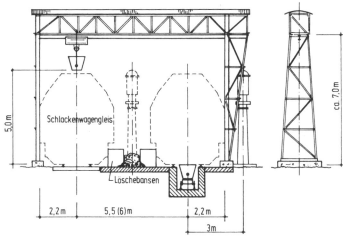

Abb. 37

Querschnitt Schlackengrube

Abb. 38

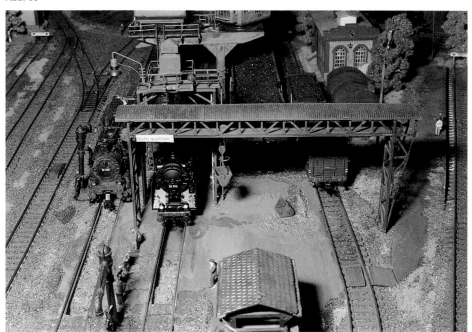

Abb. 39

geschieht. Auf dem Grubenboden verlegt man Z-Gleise für die Schlackenkarren, wobei die Schwellen ebenfalls mit Mauerfolie verdeckt werden. Die Gleise für die Schlackenkarren brauchen nicht wie in dem Beispiel über die ganze Grubenlänge gehen, denn die Schlackenzone nimmt nur den mittleren Teil der Grube ein.

Die Schlackenkarren müssen auf jeden Fall im Eigenbau hergestellt werden. Das Vorbildfoto Abb. 39 zeigt genügend Details für den Nachbau und die Situation an der und um die Schlackengrube. Rechts neben der Dampflok ist noch ein kleines Stück der Löschegrube zu sehen.

Die Maße für den Bau der Karren sind in Abb. 40 festgehalten. Als Baustoff nimmt man Messingblech von 0,2 mm Stärke oder einen guten Zeichenkarton und Radsätze der Baugröße Z, sofern man nicht die Radsätze selbst drehen will. Der Transportbügel für den Schlackenkarren entsteht aus einem dünnen Messingprofil mit Haken aus Draht, oder er wird aus einem Kleinbekohlungsbausatz entnommen.

Eine Variation dieser Anlage entsteht bei der Verwendung eines Schrägaufzugs, wie er als Modell von Vollmer angeboten wird. Bei diesem Modell sind die Löschebansen vor und hinter dem Aufzug richtig angeordnet. Sie sollten aber auf je zwei Stück reduziert werden. Außerdem wäre besser, die Löschebansen aus Beton (im Modell aus Leisten) zu machen – denn die Lösche ist immer warm – oder Löschegruben vorzusehen. Diese Anlage ist mit maximal 230 mm Länge für das Modell-Bw sehr günstig und könnte ohne Verlust der Vorbildtreue auf 200 mm verkürzt werden. Der Schlackenaufzug ist somit vorzüglich geeignet für das mittlere Bw mit nur einem Ausschlackgleis.

Zur Verfeinerung des Modells soll noch ein weiterer Vorschlag gemacht werden. Beim Einbau in die Anlage sind unbedingt Gruben vorzusehen, eine für die Absenkung des Schlackenkübels und eine im Ausschlackgleis. Die Ausschlackgrube wird gefertigt wie vorhin beschrieben, jedoch ohne Karrengleise. Dafür ist im Bereich des Schlackenaufzugs eine schräge Rutsche von der Breite des Schlackenkübels

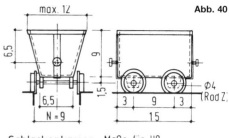

Abb. 40

Schlackenkarren Maße für HO

vorzusehen, damit die Schlacke direkt in den Kübel fällt. Die unter der Rutsche frei liegende Schiene wird durch einen I-Träger gestützt. Die Aufzugsgleise werden in die Aufzugsgrube hinein mit Messingprofilen verlängert. Die Tiefe der Grube muß so bemessen sein, daß die Kübelöffnung direkt unter der schrägen Rutsche steht. Eine Prinzipskizze zeigt Abb. 41.

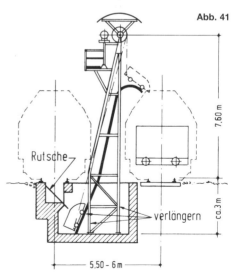

Abb. 41

Schrägaufzug für Ausschlackanlage

Vorschlag mit Modell Vollmer 5741

Abb. 42

Die Ausschlackanlagen mit Schlackensumpf und Greiferdrehkran

Anlagen mit großer Leistung sind in der Regel mit Greiferdrehkränen ausgestattet, was den Einbau von Schlackensümpfen erfordert. Unter einem Schlackensumpf versteht man eine wassergefüllte Grube, in die die Schlacke hineinfällt und sofort abgelöscht wird. Abb. 42 zeigt einen auf die Verhältnisse der Modellbahn abgestimmten Vorschlag. Abb. 43 zeigt den Querschnitt durch den Schlackensumpf. Links ist die Regelausführung dargestellt, rechts die vorgeschlagene Ausführung. Die Seitenwände sind auch hier als schräge Rutschen über die Länge des abgedeckten Sumpfes ausgeführt. Sonst weist die Grube einen ebenen Boden aus. Übergänge aus Riffelblech oder Gitterrosten erleichtern den Zugang des Personals zur Lok.

Der Schlackensumpf ist immer abgedeckt, da er mit seiner großen Tiefe und der Wasserfüllung eine beträchtliche Unfallgefahr darstellt. Die Abdeckung aus Riffelblech oder Stahlrosten ist nach einer Seite, oft auch nach beiden Seiten verschiebbar, was eine leichtere Entleerung des

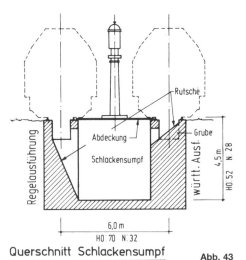

Querschnitt Schlackensumpf   **Abb. 43**

Sumpfes durch den Greiferdrehkran (Gleiskran oder Portalkran) begünstigt. Im Modell genügt eine Verschiebung nach einer Seite.

Die Löschegrube ist immer offen. Die Abmessungen sind wesentlich kleiner, da die Rauchkammer in größeren Abständen von der Lösche befreit wird und diese in kleineren Mengen anfällt. Die Gruben sind etwa 5–6 m lang, 2–2,5 m breit und etwa 1 m tief. Noch geringere Maße haben die Löschegruben bei Behandlungsanlagen der Schmalspurbahnen. Da es davon in Harz und Erzgebirge noch genügend gibt, sollte sich der Nachbauwillige dort umsehen, z. B. in Oberwiesenthal, dessen Anlagen Abb. 44 zeigt.

Als Faustregel für kurze Ausschlackanlagen kann gelten: auf 30 m Länge (H0 350 mm, N 190 mm) sind Schlackengrube und Löschebansen (Löschegruben) angeordnet. Die lange Anlage mit nachgeschalteten Löschegruben ist zwar für den Großbetrieb günstiger, weil jede Behandlung einen besonderen Platz hat, für die Modellbahn ist diese Form wegen des großen Platzbedarfs nur für ein Bw als selbständiges Anlagenthema (Abb. 87 auf Seite 74) geeignet.

Bei der Verladung der Lösche mit dem Greiferdrehkran werden anstatt Bansen Löschegruben angeordnet, weil beim Verladen die Bansenwände durch den Greifer leicht zerstört werden können.

Damit der Boden in der Umgebung leicht durch Abspritzen mit Wasser gereinigt werden kann, wird er mit einer Betonplatte, bei älteren Anlagen auch mit Pflastersteinen befestigt.

Die Schürhaken werden in der Nähe der Ausschlackgruben abgelegt. Sie hängen teilweise an kleinen, hohen Gerüsten aus Rohren oder Winkelstahl, manchmal liegen sie auch auf niedrigen Gestellen oder auf der Abdeckung des Schlackensumpfes, wie Abb. 35 auf Seite 35 zeigt. Ist das Gerüst einer Besandungsanlage in der Nähe oder ein Schlackenbockkran vorhanden, sind die Aufhängungen dort befestigt.

Abb. 44

Zusammenfassung

1. Bei der Nebenbahn genügt eine Ausschlackgrube ohne maschinelle Anlagen. Bei sehr einfachen Verhältnissen kann sogar die Grube entfallen.

2. Im mittleren Bw genügt bei einem Ausschlackgleis eine Anlage mit einem Schrägaufzug oder einem Kran. Bei zwei Gleisen ist ein Schlackenkran vorzusehen.

3. Im großen Bw sind immer zwei Ausschlackgruben einzuplanen. Die Verladung erfolgt entweder über einen Bockkran oder mit dem Greiferdrehkran.

5
Wer die Wahl hat . . .

In den vergangenen Jahren ist das Angebot an Bw-Zubehör beträchtlich gewachsen, so daß die Auswahl nicht leichtfällt. Im folgenden Kapitel sollen deshalb einige Gedanken zur richtigen Auswahl, vorwiegend für's Dampflok-Bw, ausgesprochen werden.

Sehen wir einmal von der kleinsten Baugröße Z und den großen Bahnen der Baugrößen 0, I, II und IIm ab. Bei denen kann man entweder das dafür angebotene Zubehör verwenden oder muß zum Eigenbau greifen. Für unsere Betrachtung sind allein die beiden weitverbreiteten Baugrößen H0 und N interessant.

Die Auswahl richtet sich nach der Größe des zu errichtenden Betriebswerkes, die Art der Bauten und Anlagen nach der Betriebsart und die Gestaltung auch nach landschaftlichen Gesichtspunkten. Da die wenigsten Modellbahner ein konkretes Bw nachbauen, ist das Zubehör teilweise frei kombinierbar oder kann durch Umbau dem geplanten Verwendungszweck angepaßt werden. Gehen wir am besten der Reihe nach vor.

Lokschuppen

Hier heißt die erste Frage schon: Rechteckschuppen oder Rundschuppen (Ringlokschuppen)? Bei der Nebenbahn mit ihren Tenderloks ist das kein Problem. Es genügt ein ein- bis dreiständiger Rechteckschuppen in Holz- oder Massivbauweise. Bei einer Verlängerung des Schuppens lassen sich auch zwei kurze Loks hintereinander aufstellen. Das Angebot ist genügend groß. Man sollte in die Auswahl auch die Erzeugnisse der Marienberger Fa. Auhagen einbeziehen, da diese in den letzten Jahren an Qualität gewonnen haben. Als Beispiel sollen Bekoh-

lung, Lokschuppen und Wasserturm in Abb. 109 auf Seite 86 genannt sein.

Bei der Ausstattung eines größeren Bw für Dampfloks in H0 mit Rechteckschuppen in Massivbauweise tut man sich schon schwerer, und es kostet einige Mühe, eine gute Lösung zusammenzustellen (Abb. 171 auf Seite 132). Manchmal hilft nur der Eigenbau nach einem vorhandenen Vorbild.

In Baugröße N ist die Auswahl größer. Vor allem sollen hier als beispielhaft der dreiständige Lokschuppen von Crailsheim (Vollmer) genannt werden, der auf die Länderbahnzeit zurückgeht, und der zweiständige Schuppen mit angebauter Werkstatt von Todtnau (Pola). Todtnau war der Endpunkt der ehemaligen meterspurigen Wiesentalbahn und war Standort der Bahnwerkstätten.

Da ein mittleres oder großes Bw mit Rechteckschuppen auch Schlepptendermaschinen beheimatet, ist eine Drehscheibe in der Zufahrt zur Halle oder seitlich davon einzubauen. Eine Schiebebühne erlaubt nur die Zufahrt zu den Ständen, jedoch nicht das Drehen der Loks. Eine Ausnahme für N ist hier die Dreh-Schiebebühne von Minitrix.

Bei der Anordnung von Schuppen um die Drehscheibe sind zwei Vorteile unübersehbar: Jeder Stand ist direkt anfahrbar, und Schlepptenderloks können gedreht werden. Ringlokschuppen für beide Baugrößen gibt es genügend. Jedoch sind alle in der Regelausführung mit Satteldach

Abb. 45

Abb. 46

Abb. 47

und Oberlicht gebaut. Die Anzahl der Stände läßt sich durch Aneinanderreihen mehrerer Bausätze vergrößern.

Was in H0 bisher fehlte, war ein kleiner drei- oder vierständiger Lokschuppen aus der Länderbahnzeit mit der Dachtraufe dicht über den relativ niedrigen Türen und einem Satteldach mit Lüftungsaufsätzen. Diese Schuppen stehen teilweise noch und werden zum Unterstellen von Diesel- und Elektrolokomotiven benutzt. Wie diese Schuppen aussehen, zeigt die Abb. 4 auf Seite 13. Durch die andere Dachform wirken sie nicht so groß. Bis vor kurzem war der H0-Bahner auf den Eigenbau angewiesen. Lediglich Arnold hatte für Baugröße N einen ähnlichen Schuppentyp entwickelt (Abb. 45).

Inzwischen steht auch den Modellbahnern der Baugröße H0 diese Art Rundlokschuppen als Großserienbausatz und damit zum akzeptablen Preis zur Verfügung. Die Remise nach dem Vorbild Freilassing erschien 1992 bei Pola im Maßstab 1:87. Wir zeigen den Schuppen in Abb. 46.

Den Lokunterstand des Bw Ottbergen wählte im Jahr davor Kibri für seine H0-Nachbildung.

Daß man sich auch mit Kitbashing – der Abwandlung handelsüblicher Gebäude-Bausätze – helfen kann, zeigt Abb. 47. Der fünf-

ständige Lokschuppen auf der H0-Anlage Albrecht entstand unter Verwendung mehrerer Auhagen-Bausätze der Remise Frauenstein, die wir bereits in Abb. 21 auf Seite 24 zeigten.

Die Besonderheit dieser Bw-Anlage ist, daß die Schuppengleise nicht am Rand einer Drehscheibe münden, sondern daß sie sich über eine Weichenstraße zu einem Gleis vereinigen, das die Verbindung zum nahegelegenen Bahnhof herstellt.

Auf Schuppen für Kleinloks soll an dieser Stelle nicht eingegangen werden, da kein entsprechendes Zubehör vorliegt. Schuppen für Dieselloks und Elloks sind oft ehemalige Dampflokschuppen, für die das bisher Gesagte gilt. Bei Neuanlagen werden für beide Traktionsarten nur noch Rechteckhallen gebaut. Auch davon gibt es eine genügend große Anzahl moderner Modelle. Auf sie wird bei den einzelnen Vorschlägen eingegangen.

Drehscheibe und/oder Schiebebühne

Die Anordnung des Ringlokschuppens um die Drehscheibe ist von vielen Dampflok-Bw her vertraut. Die Schlepptendermaschinen müssen so gedreht werden, daß sie mit dem Schornstein voraus am Zug laufen, und im Schuppen müssen die Loks mit dem Schornstein nach vorn oder hinten aufgestellt werden, je nach Lage des Rauchabzuges im Hallendach. Bei manchen Schuppen sind die Abzugsrohre nur auf der Innenseite, während andere Bauarten Abzüge auf beiden Seiten haben.

Beim rechteckigen Dampflokschuppen ist die Drehscheibe in die Zufahrt zum Schuppen eingebaut, was eine beträchtliche Längenentwicklung zur Folge hat, oder in einer günstig gelegenen Ecke des Bw.

Bei abseitiger Lage der Drehscheibe wird der Rechteckschuppen über Weichen angeschlossen, wie zum Beispiel im Bw Freudenstadt (Abb. 48). Die rechteckige Bauform ist vorteilhaft bei nur wenigen Lokomotiven, weshalb man sie besonders im kleinen Bw vorfindet.

Bei einer großen Anzahl von Triebfahrzeugen ergibt sich daraus eine große Hallenbreite, die wiederum einen großen Platzbedarf für die Entwicklung der Zufahrtgleise erfordert. Um dies zu vermeiden, sind in, vor und zwischen großen Rechteckhallen Schiebebühnen eingebaut, die das Abziehen von Lokomotiven auch nach der Rückseite erlauben. Beim Vorbild werden auf diese Weise bis zu vier Einheiten hintereinander abgestellt.

Den unterschiedlichen Platzbedarf bei Verwendung einer Drehscheibe oder einer Schiebebühne zeigt Abb. 49.

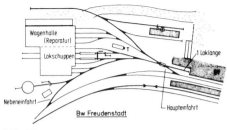

Abb. 48

Drehscheiben

Die von Arnold, Fleischmann, Jouef und Märklin angebotenen Drehscheiben für die Baugrößen H0 und N sind alle so gebaut, daß auch die größten Maschinen auf ihnen gedreht werden können. Sie sind nach der Einheitsdrehscheibe mit 26 m Brückenlänge gebaut. Wahlweise lassen sich bei den meisten Drehscheiben Gleisabgänge mit 7,5° und 15° aufstecken. Bei vollständigem Ausbau kann man bei der Teilung von 7,5° 48 Abgänge herstellen, was einem Vollkreis (360°) entspricht. Damit kann eine Kreishalle gebaut werden, bei der die Halle Stände und Drehscheibe überspannt.

Bei der Verwendung einer 15°-Teilung liegt die Drehscheibe dicht vor dem Schuppen. Somit lassen sich keine Loks davor abstellen. Sie hat nach Abb. 49 den geringsten Längenbedarf bei größerer Breite, während bei einer 7,5°-Teilung der Längenverbrauch um die Hälfte größer ist,

allerdings bei geringerer Breite. Den geringsten Platzbedarf hat zweifellos die Schiebebühne, die man in Baugröße N als Dreh-Schiebebühne ausführen könnte. Dem Vergleich wurden jeweils neun Hallengleise zugrunde gelegt.

Die vorzügliche Idee der Dreh-Schiebebühne von Minitrix löst auf der Modellbahn sicher viele Platzprobleme. Beim Vorbild war diese Lösung aber die Ausnahme. Sie war eingesetzt in Berlin im Bw Grunewald, in Trier, in Rostock und in Dänemark im Bw Fridericia. Das Modell sollte nur in einem großen Bw eingesetzt werden, und zwar so, daß bei einem Einfahrgleis und einem Ausfahrgleis die restlichen zwölf Abgänge zu den Rechteckhallen auf beiden Seiten führen. Einen Vorschlag mit den Behandlungsanlagen zeigt Abb. 86 auf Seite 72.

Doch gehen wir zurück zu den Drehscheiben. Man muß sich also entscheiden, welche Version man einbauen will. Das richtet sich vor allem

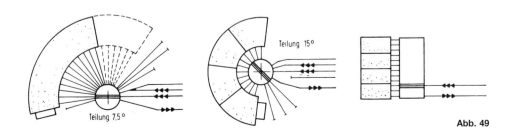

Abb. 49

nach den Platzverhältnissen auf der Anlage und nach der Anzahl der Lokschuppen-Stände.

Wer nur eine kleine Lokstation wie im Vorschlag Donaueschinen (Abb. 5 auf Seite 13) haben möchte und nicht die großen Maschinen einsetzt, der braucht eine Drehscheibe von nur 20 m Durchmesser (H0 230 mm, N 125 mm), wie sie bei den Länderbahnen und bei der früheren Deutschen Reichsbahn vorhanden waren. Das ist eine Drehscheibe mit durchlaufenden Hauptträgern. Auch für den weniger kundigen Modellbahner ist sie an der tiefen Grube erkennbar, die durch die große Bauhöhe von 2 m erforderlich war. Gerade in der Auslieferung befindet sich das Roco-1:87-Modell einer solchen 20-m-Drehscheibe. Damit ist ein langgehegter Wunsch der Modellbahner in Erfüllung gegangen. Doch auch das Kleinserienangebot der Fa. Hapo wollen wir nicht außer acht lassen, das sowohl die 20- als auch die 16-m-Scheibe umfaßt und darüber hinaus sogar die vor allem bei Schmalspurbahn- und Nebenbahn-Endbahnhöfen früher übliche Segmentdrehscheibe enthält.

Auch der Eigenbau ist möglich. Allerdings ist selbst bei der Verwendung einer Handdrehscheibe (Fleischmann) als Basismodell für einen Umbau der Aufwand für Antrieb und Steuerung erheblich groß. Man könnte die geringe Grubentiefe belassen, wenn man die Grube mit einem sich mitdrehenden Bretterbelag abdeckt. Dies war beim Vorbild teilweise auch der Fall.

Auf dieser Drehscheibe können dann aber nur Maschinen bis zum Achsstand der Baureihe 78 gedreht werden, da die Brückenlänge von 165 mm in H0 dem Originalmaß von 14,35 m entspricht.

Leichter tun sich die Liebhaber von Schmalspurbahnen. Eine Drehscheibe der Baugröße N läßt sich mit geringer Mühe zu einer Drehscheibe für H0e und die TT-Scheibe von Bima zu einer

für H0m machen. Man sollte dabei den Vollspurscheiben den Hauptbahncharakter nehmen. Das geschieht durch Entfernen des Steuerhauses, des jetzt zu niedrigen Geländers und anderer Teile. Am besten wäre wieder die Abdeckung der Grube durch einen Holz- oder Riffelblechbelag. Es entsteht dann eine Drehscheibe mit einer für eine Schmalspurbahn respektablen Länge.

Schiebebühne

Selbst wenn die Bahn in Rechteckhallen bis zu vier Maschinen hintereinander aufstellt, sollte man sich auf der Modellbahn mit zwei Loks begnügen. Auch ist die Schiebebühne in der Halle unpraktisch, weil man sie im Betrieb nicht beobachten kann, was die Betriebssicherheit einschränkt. Also baut man die Schiebebühne offen zwischen zwei Hallen, wobei bei einem gemischtbelegten Bw die eine Halle Dampfloks und die andere Dieselloks aufnimmt. Die über Einfahrgleise direkt erreichbare Halle könnte auch mit Dieselloks belegt sein, während die hintere Halle Elloks beheimatet, wie in Abb. 50 dargestellt. Im Vorfeld der linken Halle ist Platz für die Tankanlagen der Dieselfahrzeuge. Die hintere Halle benötigt eine separate Zufahrt, wobei Einfahrt und Ausfahrt über getrennte Gleise erfolgen können.

In diesem Falle sollte man in H0 die Schiebebühne mit durchlaufenden Hauptträgern von Märklin wählen, denn Märklin bietet für sein Modell eine Oberleitungsgarnitur mit den für die Befestigung der Oberleitung typischen Portalen an. Anhänger des Gleichstromsystems müssen die Masseverbindung zwischen den beiden Schienen unterbrechen oder andere Schienen einbauen.

Diese Schiebebühne ist für den Einbau auf der Anlagenplatte konstruiert. Die Zufahrtgleise und die Hallengleise müssen deshalb auf die entsprechende Höhe gebracht werden, wenn man nicht das Märklingleis verwendet.

Wird dagegen die Belegung der beiden Hallen getauscht, d. h. die hintere Halle beherbergt nur Dieselfahrzeuge, kann man auch die Schiebe-

Abb. 50

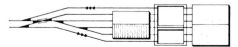

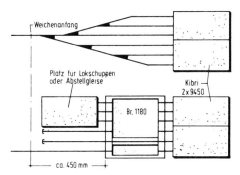

Abb. 51

bühne von Brawa (H0, N) verwenden, für die es allerdings keine Oberleitungsgarnitur gibt. Diese Schiebebühne kann auf der Platte montiert oder in diese eingelassen werden. Zudem ist das H0-Modell wahlweise für das Gleichstromsystem und für das Wechselstromsystem zu verwenden.

Wie Sie bereits gemerkt haben, sind zwei unterschiedliche Schiebebühnen-Konstruktionen auf dem Markt, beide in guter Qualität.

Märklin (H0) und Herkat (N) bieten Modelle der Version mit durchgehenden Hauptträgern an. Diese Bauart wurde nach 1945 zur Standardausführung der Bahn, nachdem eine andere Bauart nicht den erhofften Vorteil gebracht hatte. Diese Schiebebühne eignet sich vorzüglich für das ältere Bw aus der Dampflokzeit, auch wenn es später durch Dieselloks und Elloks belegt wurde.

Die Schiebebühne von Brawa in H0 und N ist eine Vorbild-Konstruktion der Nachkriegszeit, erkennbar an der geschweißten Ausführung und am hochgesetzten Bedienungsstand. Diese Form wird bei Neuanlagen verwendet. Zum Verschub elektrischer Lokomotiven müssen zwei Portale zur Befestigung der Oberleitung im Eigenbau hergestellt werden.

In Abb. 51 ist zum Vergleich eine sechsgleisige Rechteckhalle über Weichen und über eine Schiebebühne angeschlossen. Die Gleisentwicklung der Hallenzufahrt braucht erheblichen

Platz. Bei einer Schiebebühne wird die benötigte Fläche kleiner, oder sie läßt sich durch die Anordnung zusätzlicher Abstellgleise besser nutzen.

Bekohlungsanlagen

Die Angebote an geeigneten und guten Modellen ist in beiden Baugrößen groß. Man muß nur darauf achten, daß das richtige Modell für die geplante Bw-Größe gewählt wird. Doch gehen wir der Reihe nach vor.

Ein ortsfester Einheitskohlendrehkran mit Schutzhaus oder Schutzdach und elektrischem Antrieb hat eine Leistung von höchstens 12 t/h. Das reicht zur Bekohlung von drei bis vier Tenderloks oder kleinen Schlepptenderloks pro Stunde. In den Hauptverkehrszeiten könnte die Kapazität aber nicht ausreichen. Läßt sich dagegen die Versorgung der Loks mit Kohle über den ganzen Tag einigermaßen gleichmäßig verteilen, reicht die Tagesleistung des Krans für maximal 20 Maschinen. Und bei der Einplanung von zwei Kohlenkränen sind diese Zahlen zu verdoppeln.

Die angebotenen Bausätze für Kleinbekohlungsanlagen erfüllen die an eine solche Anlage gestellten Aufgaben. Lediglich die Durchbildung der Modelle erfordert da und dort Nacharbeiten zur Verfeinerung und eine farbliche Überarbeitung. Auch was die Vollständigkeit anbetrifft, bleiben Wünsche offen. Nur bei einem einzigen Modell sind neben der Bekohlung auch eine kleine Ausschlackanlage und eine Besandungsanlage vorhanden. Es steht somit eine komplette Behandlungsanlage fürs kleine Bw zur Verfügung.

Da Modellbahner aber findige Leute sind, ergänzen sie die fehlenden Teile aus einem anderen Bausatz oder im Eigenbau. Wichtig ist, daß man eine durch einen Bausatz vorgegebene Lösung so durcharbeitet, daß sie in allen Teilen „echt" aussieht.

Für die Liebhaber einer individuellen Lösung in H0 zeigt Abb. 52 einen Vorschlag. Der Betonsockel entstand aus einem Vierkantholz 20 mm x 20 mm, der wegen des Betoneffektes dünn mit

Abb. 52

Spachtelmasse überzogen wurde. Die Plattform ruht auf nach allen Seiten und auch über Eck auskragenden Trägern. Der Bekohlungskran stammt aus einem Vollmer-Bausatz, die Treppen sind einem Kibri-Stellwerk-Bausatz entnommen. Das Schutzdach aus Wellblech wurde selbst hergestellt und ist mit vier Streben an der Kransäule abgestützt.

Eine Lösung, wie sie in den letzten Jahren des Dampfbetriebes in manchem Bw (Freudenstadt,

Abb. 53

Ottbergen, Altenbeken u. a.) zu finden war, ist die Verwendung eines Baggers zum Bekohlen der Loks, wie ihn z. B. Weinert (Abb. 53) im Programm hat.

Der Bagger war zur Unterstützung des Einheitsbekohlungskranes eingesetzt, was besonders zur Hauptverkehrszeit erforderlich war. Mit relativ geringem Aufwand konnte man so die Bekohlungskapazität erheblich vergrößern.

Zur Bekohlung der schweren Schlepptenderloks im großen Bw ist der Einheitskohlenkran nicht geeignet. Er hat dort die Aufgabe einer Hilfs- oder Notbekohlung, denn seine Kohlenhunte fassen nur 0,5 t Kohle.

Nehmen wir ein Beispiel. Um den Tender einer Baureihe 23 mit 8 t Kohle zu füllen, würde man eine dreiviertel Stunde brauchen. Das ist unmöglich, weil andere Maschinen ebenfalls warten. Also muß man Anlagen haben, die viele Loks in kurzer Zeit mit großen Kohlenmengen versorgen können. Das bedeutet, im großen Bw braucht man eine Großbekohlungsanlage mit einem Hochbunker (Wiegebunker).

Eine für das mittlere Bw geschickt ausgewählte Anlage ist die von Kibri, die in der Art der Bekohlungsanlage von Crailsheim nachempfunden sein könnte. Dieses Modell hat alle Merkmale einer Großbekohlungsanlage, bleibt in den Maßen aber doch wohltuend bescheiden (Abb. 54). Dasselbe gilt für die Bekohlungsanlage von Roco.

Eine Bekohlungsanlage für das ganz große Bw ist als Faller-Modell auf dem Markt. Es verfügt in jedem Bekohlungsgleis über zwei hintereinanderliegende Bunkertaschen. Ein Modellfoto zeigt die Abb. 55. Die Verwendung auf der Modellbahn sollte sehr sorgfältig geplant werden, denn auch die anderen Anlagen und der Schuppen müssen dieser Großbekohlung entsprechen.

Bisher war fast ausschließlich von H0 die Rede. In N führt die Großbekohlung Gelsenkirchen-Bismarck (Kibri) zu denselben Überlegungen wie vorhin bei Faller. Das hat nichts mit der Qualität der Modelle zu tun, sondern sind lediglich Pro-

Abb. 54

bleme der Größe. Kleiner in der Bekohlungskapazität und in anderer Konstruktionsart zeigt sich die Bekohlungsanlage Würzburg von Arnold (Abb. 57).

Bei der Planung und dem Bau eines Bw muß man unbedingt darauf achten, daß Anzahl und Größe der Bauten zu der dem Bw gestellten Aufgabe passen. Das ist für viele Modellbahner bei der Vielzahl guter Bausätze schwierig.

Drei besondere Lösungen sollen noch angesprochen werden, die teilweise mit Industrieerzeugnissen verwirklicht werden können.

1. Die Sturzbühnenbekohlung

Die Sturzbühnenbekohlung ist nur dort zu finden, wo Geländeunterschiede ausgenutzt werden können und die Anzahl der zu versorgenden Maschinen gering ist. Ihre Leistungsfähigkeit ist begrenzt. Im Vorschlag Calw auf Seite 17 ist diese Bekohlungsart als Variation vorgestellt. Pola bietet ein ähnliches H0-Modell, das Abb. 56 zeigt.

2. Der Schrägaufzug

Die Bekohlung mit Schrägaufzug kann aus dem Vollmer-Schlackenaufzug gebaut werden. Diese

Abb. 55

Abb. 56

Bekohlungsart ist nur für wenig anstrengenden oder vorübergehenden Einsatz vorzusehen. In diesem Fall benötigt sie kein Fundament. Im Bw Aulendorf war eine solche Bekohlung über viele Jahre als einzige Bekohlungsanlage im Einsatz. Die grundsätzliche Ausführung ist in Abb. 58 festgehalten. Die Mulde wird über Kipploren gefüllt, die vom Kohlenlager über Feldbahngleise herangefahren werden.

Die Bekohlung über die Sturzbühne und über den Schrägaufzug haben etwa die Leistung eines Einheitsbekohlungsdrehkrans.

3. Die Direktbekohlung mit dem Gleisdrehkran

Für die Direktbekohlung ohne Zwischenschaltung eines Hochbunkers eignet sich ein Gleisdrehkran. Das Modell kann von Weinert als H0-Bausatz-Modell (Abb. 59) bezogen oder aus einem Märklin-Gleiskran durch Anfertigung eines neuen Auslegers mit Seilzugwaage nach Abb. 60 gebaut werden. Mit diesem Kran läßt sich nicht nur Bekohlen (Abb. 61), sondern auch die Kohle aus den Güterwagen in das Kohlenlager umladen sowie Schlacke und Lösche (Anlage mit dem Schlackensumpf) verladen.

Abb. 57

Abb. 58

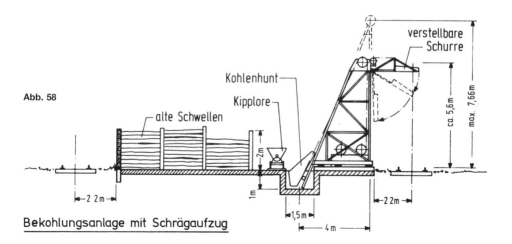

verstellbare
Schurre

Kohlenhunt

Kipplore

alte Schwellen

Bekohlungsanlage mit Schrägaufzug

Abb. 59

Öltankanlagen für die Dampflok

Für die ölgefeuerten Dampfloks der DB und DR waren Öltankanlagen erforderlich. Weniger bekannt sind die Anlagen in Bebra, Nordhausen, Sonneberg und Kassel gegenüber den Anlagen von Rheine, Osnabrück und Saalfeld.

Der Öltender kann auf zwei Arten gefüllt werden:

1. Über einen Hochkran (Hochständer) im freien Fall in die Einfüllöffnungen auf der Tenderoberseite.

2. Über einen Schlauch und einen Füllstutzen an der Tenderrückwand.

Abb. 60

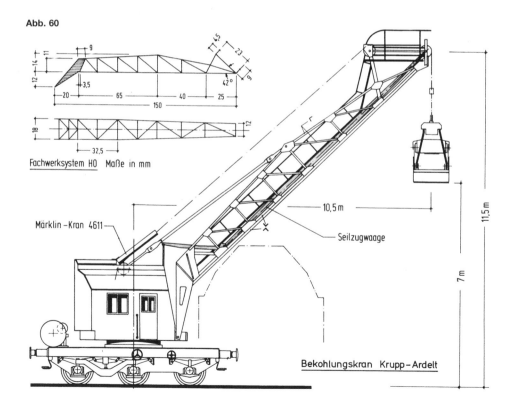

Fachwerksystem H0 Maße in mm

Märklin–Kran 4611

10,5 m

Seilzugwaage

11,5 m

7 m

Bekohlungskran Krupp–Ardelt

Abb. 61

Von der Betankung über einen Ölkran ist man dazu übergegangen, über den Schlauchanschluß das Öl direkt vom Kesselwagen in die Lok einzufüllen. Eine solche Anlage gab es beispielsweise im Bw Schwerin, wo Abb. 62 entstand. Für die Modellbahner ist die ältere Betankungsart interessanter, weil der Ölkran mehr auffällt. Zudem gibt es davon zwei

Abb. 62

Bausätze (Panier, Weinert). Der Ölkran ist ähnlich einem Wasserkran ausgebildet. Sein Standrohr ist beheizt, damit das dickflüssige, schwere Heizöl die für den Pumpvorgang nötige Fließeigenschaft erhält. Der Ausleger ist in der Höhe und zur Seite hin schwenkbar. Ein Gegengewicht hält den Ausleger in Ruhestellung leicht nach oben geneigt. In der Tanksäule ist als Meßeinrichtung ein Zählwerk eingebaut. Die Pumpen sitzen in einem kleinen Gebäude (Schuppen) in der Nähe. Unterirdisch verlegte Leitungen führen vom Öllager über die Pumpstation zum Ölkran.

Eine wesentlich bescheidenere, aber modernere Öltankanlage war im Bw Rheine anzutreffen. Sie entspricht ungefähr den Anlagen zum Betanken von Diesellokomotiven. Der Schlauch wird über eine Kupplung an den Einfüllstutzen am Tender angeschlossen. Auf der Tenderseite wie auf der Schlauchseite schützen Kugelventile vor versehentlichem Auslaufen des Heizöls. Zur Erleichterung des Anschließens hängt der Schlauch an einem drehbaren Galgen aus Rohren, der nach dem Tankvorgang zur Seite geschwenkt wird. Der Schlauch selber liegt in einer Ablaufrinne.

Der Ölpegel wird von einem Beobachtungsstand auf der gegenüberliegenden Seite aus kontrolliert, wie das Schaubild (Abb. 63) zeigt.

Bei den ölgefeuerten Dampflokomotiven entfällt das Ausschlacken und das Löscheziehen. Die Loks nehmen nach der Ergänzung des Ölvorrats lediglich Wasser und Sand und sind dann wieder betriebsbereit.

Bei der Einplanung einer Öltankanlage für Dampfloks ist deshalb ein geeigneter Standort im Bw zu wählen. Ist ein besonderes Tankgleis (siehe Abb. 96 auf Seite 78) nicht zu verwirklichen, könnte der Ölkran in der Nähe der Dieseltankstelle aufgestellt werden. Dabei ist darauf zu achten, daß die Loks anschließend ohne große Rangierbewegungen Sand und Wasser nehmen können.

Die Lagertanks für das schwere Heizöl können mit den Vorratsbehältern für Dieselkraftstoff und leichtes Heizöl zu einem gemeinsamen Öllager zusammengefaßt werden. Mehr darüber und vor

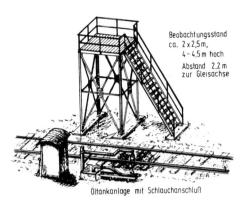

Öltankanlage mit Schlauchanschluß

Abb. 63

allem Wissenswertes zu den Dieseltankstellen finden Sie im Kapitel „Das Diesellok-Bw".

Wasserturm und Wasserkran

Wassertürme sind für H0 und N in genügender Anzahl und guter Ausführung bei unterschiedlicher Gestaltung vorhanden. In der Regel besteht aufgrund der großen Auswahl kein Bedarf an Eigenbau-Wassertürmen, wenn man nicht eine besondere Ausführung im Auge hat.

Eine solche besondere Ausführung war im abgebildeten Fall nötig (Abb. 64). Der Wasserturm Haltingen von Faller wirkte neben dem Lokschuppen und vor dem Werkstattgebäude zu klein. Also stellte man ihn auf ein Sockelgeschoß. Dieses Sockelgeschoß ist so genial gebaut, daß der ganze Turm eine Einheit bildet und eigentlich gar nicht anders geplant sein konnte. Man darf annehmen, daß im Sockelgeschoß die Pumpen für die Wasserversorgung untergebracht sind.

Fast alle Wasserturm-Modelle haben den Nachteil, daß sie zu einem größeren Bw gehören. Das kleine Nebenbahn-Bw hat keinen großen Wasserbedarf. In vielen Nebenbahn-Bw ist deshalb in einer Ecke das Gebäude turmartig ausgebaut: der Wasserturm. Er hat eine eckige Form und ist im Aussehen untypisch (s. Abb. 67

Abb. 64

auf S. 58). Bei bergigem Gelände fehlt er ganz. Ein im Berg liegender Behälter übernimmt die Wasserspeicherung. Diese Lösung bietet sich an, wenn man auf den Wasserturm verzichten will. Bei einem einständigen Lokschuppen einer

Abb. 65

Kleinbahn kann der Wasserbehälter auch von außen nicht erkennbar in der Halle untergebracht sein.

Pola hat für H0 den schönen und kleinen Wasserturm von Schiltach geschaffen, der zur Versorgung einer Nebenbahn gut geeignet ist. Leider scheint das Modell in den Abmessungen etwas zu groß geraten zu sein.

Zu den Wasserkränen ist nicht viel zu sagen. Es gibt sie in allen Variationen, in der Regel als Einheitswasserkräne. Man sollte nur bei der Aufstellung zwei Grundsätze nicht vergessen:

1. Wasserfassen und Ausschlacken gehören zusammen. Das schließt nicht aus, daß im großen Bw noch zusätzliche Wasserkräne stehen können.

2. Bei großen Ausschlackanlagen stehen Wasserkräne mit Gelenkausleger, die einen großen Aktionsradius haben. Damit soll erreicht werden, daß eine Lok ohne Vorrücken oder Zurücksetzen, egal in welcher Richtung die Rauchkammer zeigt, Wasser fassen kann. Bei kleineren und älteren Anlagen können auch Wasserkräne mit einfachem Ausleger stehen.

Besandungsanlagen

Größe und Ausführung der Besandungsanlagen hängen von der Anzahl und Art der zu behandelnden Lokomotiven ab. Bei sehr geringem Sandbedarf im kleinen Bw sind keine besonderen Einrichtungen nötig. Der Sand wird in verwendungsfähigem Zustand in Sandbehältern von einem größeren Bw bezogen oder an Ort und Stelle getrocknet und gesiebt. Die Besandung erfolgt von Hand im Schuppen.

Bei größerem Bedarf sind bereits kleine Besandungsanlagen vorhanden. Für das mittlere und große Bw werden größere Besandungseinrichtungen benötigt. Drei H0-Modelle seien herausgegriffen, da diese auf Vorbildern basieren:

– Besandungsanlage Rheine mit Aufbereitungsgebäude und kleinem Sandlager (Kibri);

– Besandungsturm nach württembergischem Vorbild (Vollmer), die Aufbereitung des Sandes

Abb. 66

müßte in einem nahegelegenen Bw-Gebäude vorgenommen werden;

– Besandungsturm der Einheitsbauart, wie er von Faller (Abb. 65) und Weinert angeboten wird.

Der Bauform nach sind diese Modelle typische Vertreter der Dampflokzeit. Es lassen sich aber auch Dieselloks damit bedienen in einem gemischtbelegten Bw. Aber im Diesellok-Bw oder im Ellok-Bw sind diese Modelle nur unter Vorbehalt zu verwenden. Mehr darüber erfährt der Leser in den Kapiteln über die Betriebswerke für Dieselloks und Elloks. Da die Sandbehälter der modernen Triebfahrzeuge unten am Rahmen oder an den Drehgestellen angebracht sind, ist ein Besandungsturm nicht unbedingt erforderlich. Es genügt ein Schubkarren, mit dem das Wartungspersonal von Lok zu Lok fährt und mit der Schaufel Sand einfüllt. Auch eine Kohlenschütte von Omas Ofenheizung eignet sich gut dazu.

In Baugröße N ist die Auswahl an kleinen und mittleren Besandungsanlagen gering. Vollmer bietet die gleiche Anlage wie in H0, und Kibri liefert einen Doppelturm über zwei Gleise.

Für das große Bw in Baugröße N bietet Arnold (Abb. 66) eine moderne Großbesandungsanlage nach dem Vorbild im Bw Nürnberg. Diese Anlage ist für Dieselloks und Elloks geeignet, wobei das Besandungsgleis für elektrische Triebfahrzeuge an der Besandungsanlage außen vorbeigeführt werden muß.

Zusammenfassung

1. **Die Auswahl des Zubehörs muß sich an Art und Größe des Bw orientieren.**

2. **Es lassen sich die Erzeugnisse verschiedener Hersteller kombinieren.**

3. **Individuelle Lösungen können durch Umbau handelsüblicher Artikel erzielt werden.**

4. **In Sonderfällen hilft nur die eigene Anfertigung der gewünschten Anlagen und Gebäude.**

6
Ein Thema mit Varianten:
Das kleine Bw

Platzmangel ist bei vielen Modellbahnern ein Dauerthema. Der eine weicht auf eine kleinere Baugröße aus, um mehr Eisenbahn darstellen zu können. Der andere versucht in H0 seine Pläne trotzdem zu verwirklichen. Ein Bw sollte schon dabei sein – und wenn es nur klein ist. Doch was ist ein kleines Bw?

Wir planen ein Bw. Das sagt sich so leicht. Wieviel Maschinen werden dort betreut? Welche Anlagen sind vorhanden? Wo ist die Bahnwerkstätte? Welche Aufgaben hat das Bw?

Auf einen Teil dieser Fragen müßte der aufmerksame Leser schon eine Antwort geben können. Doch tragen wir gemeinsam die Argumente zusammen, wobei wir beachten, daß das Bw lediglich ein Bestandteil der ganzen Anlage ist.

Ein kleines Bw ist

– mit einem Bestand von einer bis vier Maschinen (Dampfloks und/oder Dieselloks) ausgestattet;

– am Endbahnhof einer Nebenbahn gelegen, wo auch die Werkstätten sein können und sich evtl. der Sitz der Bahnverwaltung befindet;

– am Ausgangspunkt einer (privaten) Nebenbahn an einem Bahnhof der Hauptbahn gelegen;

– ein Bw, in dem Loks für den Vorspann- oder Schiebedienst stationiert sind;

– erforderlich, weil ein Teil der Strecke elektrifiziert ist.

1. Die Bw-Größe

Bei vielen Nebenbahnen – sie bestehen heute zum Teil nicht mehr – waren nur eine oder zwei Lokomotiven angeschafft worden. Dafür genügte ein kleiner Schuppen mit einem Gleis und evtl. zwei Ständen hintereinander oder, was fahrtechnisch besser ist, zwei Gleise mit je einem Stand. Bei zunehmendem Verkehr wurden vielleicht noch zwei Dampfloks angeschafft. In den sechziger Jahren wurden die älteren Dampfloks durch Dieselmaschinen abgelöst.

Wenn nicht von Anfang an ein zweiständiger Schuppen vorgesehen war, dann mußte man im Laufe der Jahre einen neuen Schuppen dazubauen oder den alten verlängern. Abb. 67 zeigt den Schuppen Oldisleben mit angebautem Teil,

Abb. 67

Abb. 68

Abb. 69

Abb. 70

in dem Übernachtungsräume fürs Personal und unter dem Dach des Turmes der Wasserbehälter untergebracht sind. Nur sollte man keine langen Schlepptendermaschinen darin abstellen, denn dafür ist der Schuppen zu kurz, und man sollte dem Anbau seine Funktion als Schlafstätte für das Lokpersonal lassen. Wenn die Bahn lange Schlepptendermaschinen besitzt, dann muß eben der Schuppenteil mit einem zweiten Bausatz verlängert werden.

Aus Abb. 68 ist ersichtlich, daß der zweiständige Lokschuppen Jöhstadt später um einen Stand erweitert worden ist. Denn hätte man von Anfang an drei Lokomotiven unterstellen müssen, wäre gleich ein dreiständiger Schuppen gebaut worden.

Die Arbeitsgruben im Schuppen, in dem oft auch noch eine kleine Werkstatt untergebracht ist, dürfen nicht vergessen werden. Bei ein bis zwei Loks kann man auf eine Ausschlackgrube verzichten. Bei vier Loks sollte in einem Gleis, das abseits liegen kann, eine Ausschlackgrube vorgesehen werden. Maschinelle Verladeeinrichtungen für die Schlacke sind in der Regel nicht vorhanden.

Abb.71

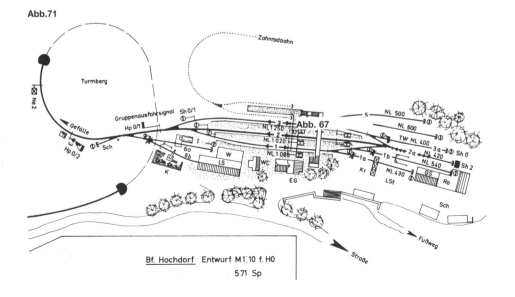

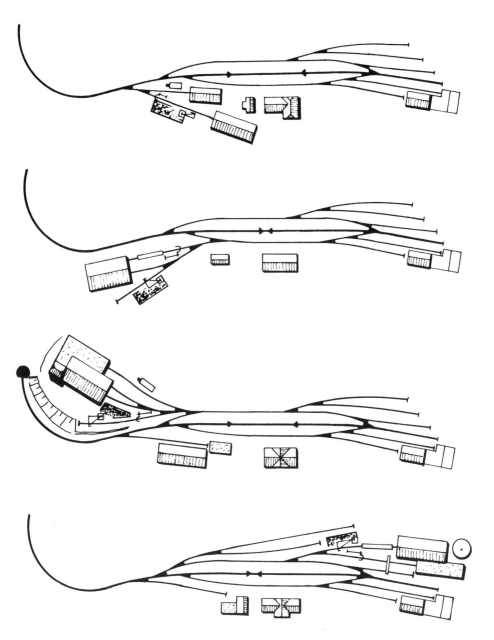

Abb. 72

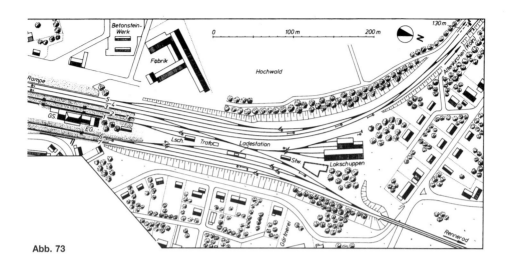

Abb. 73

Abb. 74

Die Bekohlungsanlage ist denkbar einfach. Bei kleinen Maschinen, wie zum Beispiel Lokalbahnloks, ist ein Schüttgerüst wie im Schaubild (Abb. 69) angebracht. Bei der Tegernseebahn wird auf diese Weise heute noch die Dampflok für den Museumszug bekohlt. Den Eigenbau einer solchen Bekohlungsanlage kann man sich sparen, denn es gibt von Brawa einen Bausatz in dieser Art.

Die bekannteste Bekohlungsart ist natürlich die mit einem kleinen Bekohlungskran am Kohlenlager. Abb. 70 zeigt das Vorbildmotiv des Schmalspur-Bw Bad Doberan. Die Schlacke kann neben dem Gleis gelagert werden. Bei kleinen Schlackenmengen benötigt man dazu keinen Schlackenbansen. Ab vier Maschinen sollte eine kleine Besandungsanlage vorhanden sein.

Als Wasserturm ist der gekürzte Turm von Schiltach von Pola geeignet oder der zylindrische kleine Wasserturm auf dem Stahlgerüst von Faller. Eine andere Lösung ist die Einbeziehung des Wasserturms in das Gebäude oder die Verlagerung des Behälters in einen nahen Berghang.

2. Das Bw am Endbahnhof

Nehmen wir als Planungsgrundlage einen Endbahnhof, der in der abgebildeten Weise (Abb. 71)
ausgeführt wurde. Alles ist maßstäblich dargestellt. Im Bahnhof soll nur eine Lok über Nacht
abgestellt werden. Also reicht ein Schuppen mit
nur einem Gleis und zur Ergänzung der Vorräte
eine kleine Bekohlungsanlage und ein Wasserkran. Die für die eine Lok benötigte Wasser-
menge ist in einem kleinen Behälter im Schuppen gespeichert.

Die Dieseltankstelle kam später hinzu, als Dieselloks und Triebwagen auf der Strecke in Dienst
gestellt wurden. Eine andere Lage des Schuppens war nicht möglich, weil die Nutzlänge der
Bahnsteiggleise und die Anzahl der Abstellgleise für den Betrieb benötigt werden.

Abb. 72 zeigt einige Variationen. Der ursprüngliche Gleisplan von Abb. 71 sollte beibehalten
werden, wobei die Stationierung von mindestens zwei Lokomotiven zu berücksichtigen war.

In der ersten Variante wurde lediglich der kleine
Schuppen für die Diesellok dazugebaut. Die Aufgabe der anderen Gleise bleibt unberührt.

Im zweiten Vorschlag dient Gleis 1 als Verkehrsgleis für die Zufahrt zum Schuppen und zur
Bedienung der Güteranlage. Schuppen und
Bekohlungsanlage von Abb. 21 auf Seite 24 wür-
den sich hier gut einfügen.

Im dritten Plan wird Gleis 3 zum Verkehrsgleis.
Es ist zu empfehlen, durch Tausch der Weichen
die Nutzlänge von Gleis 1 zu vergrößern und
Gleis 3 zu verkürzen, um zwei lange Bahnsteiggleise zu erhalten. Der Anbau am Lokschuppen
kann als Triebwagenhalle, Diesellokschuppen
oder als Werkstatt genutzt werden. Am
ursprünglichen Schuppengleis steht ein Lager-
haus.

Im vierten Vorschlag wird der Abstellbereich von
Abb. 71 zum Bw mit Lokschuppen und Triebwagenhalle (Werkstatt). Zwei neue Abstellgleise
werden links an das Verkehrsgleis 3 angeschlossen. Ihre Nutzlänge ist größer als vorher.

Den betrieblich größten Gewinn bringen die beiden letzten Variationen. Sie sind durch die
Gestaltung des jeweiligen Bw interessanter
geworden.

3. Das Nebenbahn-Bw am Bahnhof der Hauptbahn

Endet die Nebenbahn unsichtbar in einem
Schattenbahnhof oder in einer verdeckten
Kehrschleife, sollte das Bw dieser Bahn in den
Abzweigbahnhof der Hauptbahn gelegt werden.
Eine Vorbildsituation zeigen der Gleisplan und
das Vorbildfoto (Abb. 73 und 74).

In Abb. 75 sind zwei Vorschläge für die Modellbahn wiedergegeben. Es wird angenommen,
daß auf der Nebenbahn vorwiegend Tenderloks
(z. B. Baureihen 64, 86, 91), evtl. kurze Schlepptenderloks wie die Baureihe 24 und Dieselloks
verkehren. Beim Ringschuppen wird eine Drehscheibe benötigt, die mit einer Brückenlänge in
H0 von 180–200 mm der Loklänge angepaßt ist.
Die Drehscheibe und evtl. der Schuppen können
im Eigenbau hergestellt werden, oder man greift
auf die Angebote von Hapo, Kibri, Pola und
Roco zurück. Die andere Lösung zeigt die Verwendung eines Rechteckschuppens, den es in
dieser Art von Faller gibt.

Abb. 75

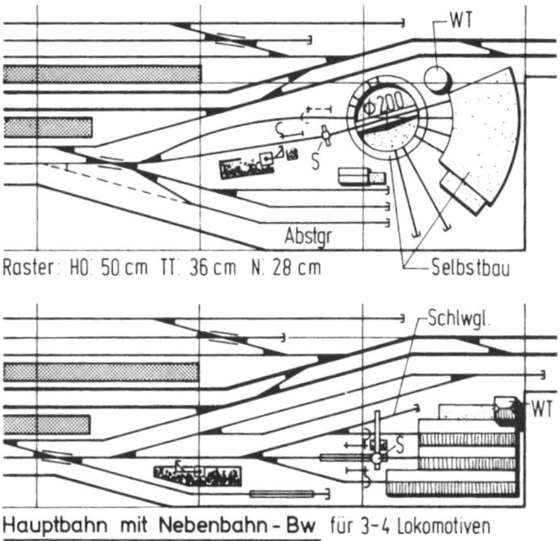

Raster: H0: 50 cm TT: 36 cm N: 28 cm

Hauptbahn mit Nebenbahn-Bw für 3-4 Lokomotiven

Abb. 76

In beiden Fällen läßt sich nicht übersehen, daß die wirklichkeitsnahe Gestaltung des Nebenbahn-Bw einen beachtlichen Platz beansprucht. Dieser Platzbedarf wird bei einem Hauptbahn-Bw noch erheblich größer.

In Abb. 76 ist die kleinste räumliche Ausdehnung einer Bekohlungsanlage zu sehen. Der Schlackenbansen des Bausatzes entfällt deshalb und könnte beim Lokschuppen als Abfall- oder Schrottlager verwendet werden.

Abb. 77

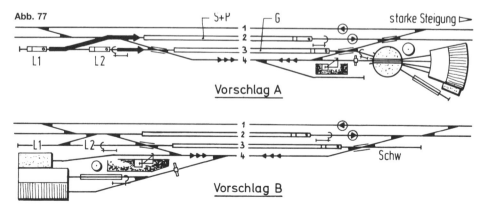

Eine ähnliche Anlage ist im oberen Teil der Abb. 75 verwendet worden. Für den Wasserturm reicht die Größe des Schiltacher Turmes aus.

Im unteren Plan derselben Abbildung ist der Wasserturm in den Lokschuppen integriert. Er muß selber gebaut werden. Der Sandbehälter sitzt auf einem Gerüst, das auch die Kranschienen für den Schlackenkran trägt. Eine zusätzliche Untersuchungsgrube im Freien ist im Gleis neben dem Kohlenlager vorgesehen.

Eine Schwachstelle dieses Vorschlags ist die Behinderung der Schuppenzufahrt während der Bekohlung einer Lok. Dies kann in Kauf genommen werden bei geringem Verkehr. Die Behinderung entfällt, wenn man den Kohlenkran auf die Seite des Stumpfgleises verlegt. Dafür ist dann aber eine Sägefahrt auszuführen.

4. Das Bw
für den Schiebedienst

Am Fuße einer langen Rampe liegt ein kleiner Bahnhof, in dem lange Reisezüge (D, P) und schwere Güterzüge (G) eine Schiebelok erhalten. Die Reisezüge bleiben auf dem Hauptgleis (Gleis 2), und die wartende Schiebelok setzt sich dahinter.

Güterzüge fahren in der Regel nach Gleis 3 wegen der Überholung durch die schnelleren Reisezüge und werden von dort auf die Strecke nachgeschoben.

In der Gegenrichtung halten auf Gleis 1 nur Personenzüge, während alle anderen Züge durchfahren. Bei regem Betrieb auf der Strecke kommt die Schiebelok auf dem richtigen Gleis (Gleis 1) zurück. Bei schwachem Betrieb kann die Lok auf dem falschen Gleis (Gleis 2) zurückkehren. In beiden Fällen fährt sie über die Weichenverbindung nach Gleis 4, dem Verkehrsgleis, ein und hält sich für den nächsten Einsatz bereit oder fährt zur Ergänzung der Vorräte ins Bw.

Als Schiebeloks kommen die Baureihen 44, 95 und 96, für Reisezüge auch die Reihen 75 und 94 oder andere starke Maschinen in Frage. Die Vorhaltung von zwei bis drei Maschinen genügt.

Wie ein solches Bw aussehen könnte, zeigen die Vorschläge A und B der Abb. 77. Eine Drehscheibe wie bei A muß bei der Verwendung von Tenderloks nicht vorhanden sein, wenn man einen Rechteckschuppen wie bei B wählt. Auch ist die Plazierung des Bw tal- oder bergwärts gleich gut und lediglich abhängig von der Gestaltung der Anlage. Eine einfachere Ausführung eines solchen Bw zeigt die Abb. 21 auf Seite 24.

Abb. 78

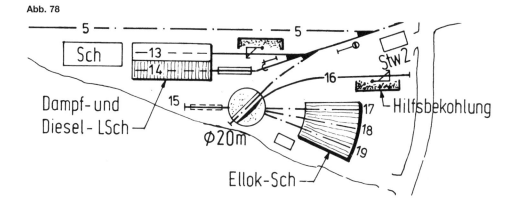

5. Das Bw für den Wechsel der Traktionsart

Den wohl interessantesten Vorschlag zeigt Abb. 78: das Bw von Neustadt/Schwarzwald. Ein bis zwei Tenderloks der Baureihe 85 und leichtere Maschinen der Reihen 64, 75 und 86 können hier stationiert sein. Die Baureihe 50 ergänzt in diesem Bw nur die Vorräte. Später hinzugekommene Dieselloks lösen die älteren Dampfloks ab. Dazu kommen noch zwei bis drei Maschinen der Reihe E 244, ersatzweise die E 44.

Zwei Bekohlungskräne, wobei der Kohlenbansen für die Hilfsbekohlung recht groß ist und stabile Betonwände hat, stehen zur Verfügung. In der Regel wurde mit dem Kran an Gleis 13 bekohlt. Dieses Kohlenlager war kleiner und könnte im Modell in anderer Bauweise als die später gebaute Hilfsbekohlung erstellt werden. Gleis 14 hat eine Ausschlackgrube, Gleis 15 eine Untersuchungsgrube. Arbeitsgruben sind in den Standgleisen der Halle angeordnet.

Der Pfiff dieses Vorschlags ist, daß die Elloks nur über die Drehscheibe die hölzerne Ellokhalle erreichen können, während die Zufahrten zum Dampflokschuppen ohne Fahrdraht sind. Über die Oberleitungsspinne über der Drehscheibe kann man im Kapitel Ellok-Bw nachlesen.

Der Platzbedarf für dieses Bw ist in H0 mit einer Mindestausdehnung von ca. 60 cm x 120 cm anzunehmen.

Zusammenfassung

1. **Ein kleines Bw ist fast auf jeder Anlage unterzubringen.**

2. **Auch mit einem kleinen Bw läßt sich ein abwechslungsreicher Fahrbetrieb durchführen.**

3. **Im Zweifel sollte man sich lieber für das kleine Bw entscheiden, das dann aber konsequent und vorbildtreu ausgestalten.**

7

Was das mittlere Bw benötigt

Das mittlere Bw benötigt vor allem viel Platz und ist immer ein Hauptbahn-Bw. Beim Stichwort Bw erscheint vor dem geistigen Auge vieler Modellbahner ein Bw, wie es in diesem Kapitel beschrieben wird. Wir wollen dabei aber nicht vergessen, daß dieses Bw seine Größe dem zugehörigen Bahnhof verdankt, der Zugbildungsaufgaben hat oder ein Lokwechsel-Bahnhof ist.

Die Flächenausdehnung des Hauptbahn-Bw hängt eng mit den Behandlungsabläufen für die Dampfloks zusammen. Die Auswirkung auf Länge und Breite bei verschiedener Anordnung der Anlagen kann durch Betrachten der Grundprinzipien A bis C in der Abb. 22 auf Seite 24 in Erinnerung gerufen werden. Die Standardlösung A ist zugunsten der Lösungen B und C aufzugeben, sofern die Platzverhältnisse dies ermöglichen. Dadurch ergeben sich oft reizvolle Lösungen.

In einem Bw mittlerer Größe sollten Stände für sechs bis neun Maschinen vorhanden sein. Der Gesamtbestand an dem Bw zugeteilten Lokomotiven kann gut doppelt so groß sein, da ständig Maschinen im Einsatz sind. Auf der Modellbahn ist die Grenze zum großen Bw mit etwa zwölf Ständen erreicht, was einem Einsatzbestand von 24 bis 30 Maschinen entspricht.

Die folgenden Vorschläge sind in ihren Abmessungen zum Nachbau geeignet, müssen aber der jeweiligen Anlagensituation angepaßt werden.

Bei der Planung wurde ein Weichenwinkel von 15° angenommen, und die Gleisabstände entsprechen Modellbahnverhältnissen. Die Abmessungen der Gebäude und Behandlungsanlagen sind ebenfalls maßstäblich eingetragen, soweit es sich um Bausätze handelt. Bei Eigenbaumodellen wurde entsprechend verfahren. Durch die Verwendung von Flexgleisen läßt sich die Ausdehnung der Gleispläne geringfügig verkleinern. Das Problem soll an fünf Beispielen untersucht werden.

1. Mittelgroßes Bw für Dampfbetrieb

Nehmen wir zum Anfang ein kleineres der mittelgroßen Betriebswerke. Abb. 79 zeigt ein Dampflok-Bw mit viergleisigem Schuppen. Bei der Aufstellung von zwei Loks hintereinander ergibt das acht Stände. Die Bekohlungsanlage ist wie im Beispiel Freudenstadt (Abb. 48 auf Seite 45) nur über eine Sägefahrt zu erreichen. Zur Versorgung der Loks genügt ein Kohlenkran der Einheitsbauart.

Abb. 79

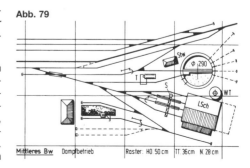

| Mittleres Bw | Dampfbetrieb | Raster: H0 50 cm | TT 36 cm N 28 cm |

Abb. 80

Vor der Halle sind zwei Schlackengruben mit einem Schlackenbockkran eingeplant. Der Bockkran wird unter Verwendung des württembergischen Besandungsturms im Eigenbau hergestellt. Die Abb. 80 gibt Anregungen für den Nachbau. Beim Verladen der Schlacke wird vorübergehend das rechte Schuppengleis belegt.

An die abseits liegende Drehscheibe lassen sich Aufstellgleise oder bei Bedarf ein Ringschuppen mit vier oder fünf Gleisen anschließen. Auf der Drehscheibe können alle Schlepptenderloks gedreht werden. Die Dieseltankstelle dient der Versorgung der Kleinlok und der Bahndienstfahrzeuge. In einem Reichsbahn-Bw der Epoche 2 kann die Tankstelle entfallen. Zur Versorgung der Kleinlok genügt ein Faß mit Kraftstoff.

In einem Bw dieser Größe sind weder Schnellzugloks noch schwere Güterzugloks anzutreffen. Die größten Maschinen sind Schlepptenderloks der Reihen 23, 38, 55, 57 und eventuell 50. Daneben sind Tenderloks vorhanden.

2. Mittelgroßes Bw für gemischte Belegung

Abb. 81 zeigt eine Variation des ersten Beispiels mit einer anderen Lage der Drehscheibe, die mit dem angegebenen Durchmesser im Eigenbau entsteht. Auf ihr kann eine 50er nicht mehr gedreht werden, wohl aber die anderen kürzeren Maschinen.

Wegen der gemischten Belegung mit Dampf- und Dieselloks benötigt man zusätzlich eine Halle für zwei bis vier Dieselmaschinen. Die Zapfsäulen stehen auf einer Betonplatte mit separatem Ablauf und werden von einem oberirdisch gelagerten Tank mit etwa 50 000 l Inhalt gespeist. Dieser Tank kann leicht durch die Verlängerung eines 30 000-l-Tanks gebaut werden.

Wer auf den Einsatz von Dieselloks verzichtet, macht aus der Halle eine Wagenwerkstatt oder einen Erweiterungsbau zum Lokschuppen.

Zur Unterscheidung von Abb. 79 wird mit einem Gleisdrehkran bekohlt. Der Kran am Kohlenlager ist lediglich als Notbekohlung vorgesehen. Die Ausschlackanlage in Form einer kurzen Anlage mit Schlackensumpf ist eingeplant, weil ja der Gleisdrehkran zur Verladung von Schlacke und Lösche zur Verfügung steht.

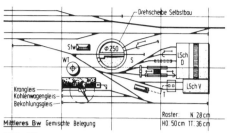

Abb. 81

3. Mittelgroßes Bw mit Gleisdreieck

Ein besonders interessantes Beispiel zeigt die Abb. 82, das trotz fehlender Drehscheibe für

Abb. 82

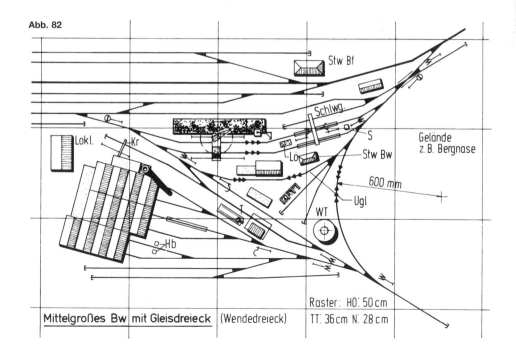

Abb. 83

Radsätzen vor allem bei Wagen verwendet werden. Daneben sind die Abstellgleise für schadhafte Fahrzeuge.

Auf der anderen Hallenseite steht ein Bockkran zum Verladen von Radsätzen, die auf dem danebenliegenden Gleisstück gelagert werden.

Eine Bekohlungsanlage von der Größe, wie sie Kibri anbietet, ist hier richtig eingesetzt. Weiter ist eine Ausschlackanlage in langer Form mit einem Schlackenbockkran vorgesehen. Der Besandungsturm steht nach der Ausschlackanlage zwischen den Gleisen.

Für die Dieselloks und die Triebwagen ist ein besonderes Tankgleis vorgesehen. Die Tankstelle mit den beiden Zapfsäulen ist gegen die Witterung durch eine kleine, seitlich offene Überdachung geschützt (Abb. 83). Dazu eignet sich eventuell auch das Modell einer Wartehalle.

Schlepptenderloks geeignet ist. Die Loks werden über das Gleisdreieck gedreht. Durch das Angebot an elektrischen Schaltungselementen ist ein Gleisdreieck auch für den Gleichstrombetrieb kein Problem mehr. Die Rechteckhalle hat acht Stände bei vier Gleisen. Die danebenliegende Werkstatt wird mit zwei Gleisen versorgt. Vor der Werkstatt stehen Hebeböcke, wie sie teilweise auch heute noch zum Tausch von

Diese nicht alltägliche Lösung benötigt einen Platz von etwa 1,2 m x 2,4 m. Bei einem weiteren Ausbau könnte man daraus ein Bw als selbständiges Anlagenthema machen. Man müßte vor allem die Anzahl der Schuppengleise vermehren. Alle anderen Anlagen und Baulichkeiten könnten bleiben.

Abb. 84

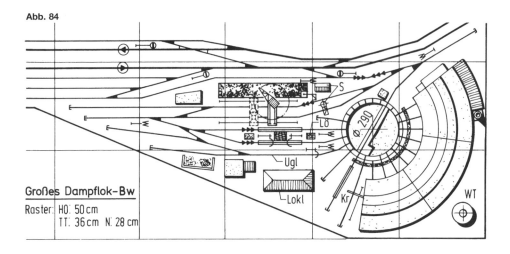

Großes Dampflok-Bw

Raster: HO: 50 cm
TT: 36 cm N: 28 cm

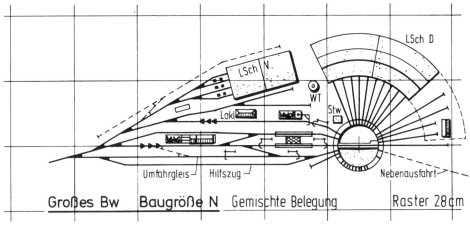

Großes Bw   Baugröße N   Gemischte Belegung   Raster 28 cm

Abb. 85

4. Mittelgroßes Dampflok-Bw mit Drehscheibe

Der Gleisplan in Abb. 84 zeigt ein Bw auf einem Konsolbrett am Anlagenrand, das von der Anzahl der Schuppengleise für ein mittleres Bw in H0 bereits an der Obergrenze liegt. Man könnte es eigentlich schon als großes Bw bezeichnen. Der Gleisplan ist nach dem Grundprinzip C als reines Dampflok-Bw entworfen.

In diesem Bw ist nun eine Großbekohlungsanlage, wie sie Faller in H0 oder Kibri in N anbieten, mit einem respektablen Kohlenlager am richtigen Platz. Die Wahl einer geeigneten Besandungsanlage ist frei, im Plan ist allerdings die württembergische Anlage eingetragen. Zum Verladen der Schlacke ist zusätzlich ein Gleisdrehkran nötig.

Der aufmerksame Leser hat bestimmt schon entdeckt, daß im vorliegenden Beispiel ein fahrbarer Portaldrehkran eingezeichnet ist, der aus zwei Bausätzen zusammengebaut werden muß. Die fahrbare Portalbrücke trägt Schienen, auf denen der Kran längs fahren kann. Die Kohlen-

bunker sind ebenfalls verfahrbar, wenn man diese vorsieht. Im Beispiel ging man davon aus, daß mit dem Greifer direkt bekohlt wird. Mit diesem Kran läßt sich dann auch die Schlacke aus dem Schlackensumpf ohne zusätzlichen Gleisdrehkran verladen.

Das Problem der Schlackenverladung läßt sich natürlich auch durch die Verwendung einer Ausschlackanlage mit Bockkran lösen. Aber wie gesagt, diese Gleispläne sollen nur helfen, die Phantasie der Modellbahner zu beflügeln.

5. Mittelgroßes Bw für die Baugröße N

Alle bisherigen Beispiele sind für die beiden Baugrößen H0 und N gemacht worden, wobei allerdings H0-Zubehör verwendet wurde. Zum Schluß sollen noch zwei Beispiele gegeben werden, die ausschließlich auf die Baugröße N abgestimmt sind. Abb. 85 zeigt ein Bw für gemischte Belegung, das vorwiegend mit Zubehör von Arnold ausgestattet ist, während

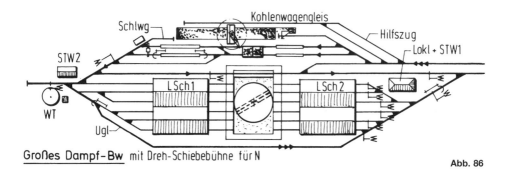

Großes Dampf-Bw mit Dreh-Schiebebühne für N

Abb. 86

Abb. 86 einen Vorschlag zum Einbau der Dreh-schiebebühne von Minitrix anbietet. Bei beiden Vorschlägen ist eine Ausschlackanlage mit Schlackensumpf dargestellt, weil diese sich in N leichter bauen läßt.

Die Anlage der Abb. 85 ist in der Regelaus-führung nach Prinzip A ausgeführt, das bedeu-tet, daß alle Behandlungsanlagen in Richtung Drehscheibe liegen. Lediglich die Hilfsbekoh-lung ist an der Ausfahrt plaziert. Die Rechteck-halle für die Dieselfahrzeuge wurde später in moderner Bauweise hinzugefügt.

Abb. 86 wird als reines Dampflok-Bw vorgestellt, bei dem die Behandlungsanlagen parallel zur Schiebebühne und zu den Rechteckschuppen angeordnet sind.

Zusammenfassung

1. **Ein mittelgroßes Bw hat sechs bis neun, maximal zwölf Schuppengleise.**

2. **Das Bw benötigt eine mittlere bis große Bekohlungsanlage und eine Ausschlack-anlage mit zwei Gruben.**

3. **Zur Versorgung von ölgefeuerten Dampf-loks ist ein Ölkran und für die Dieselloks eine Tankstelle mit einer oder mehreren Zapfsäulen vorzusehen. Die Öltanks kön-nen über oder unter der Erde lagern.**

4. **Neben der Standardlösung mit Ringlok-schuppen und Drehscheibe gibt es auch interessante Lösungen mit Rechteck-schuppen und abseits liegender Dreh-scheibe oder mit Dreh-Schiebebühne.**

8
Das Bw als selbständiges Anlagenthema

Das Dampflok-Betriebswerk ist so interessant, daß manche Modellbahner sich ausschließlich auf dieses Thema verlegen. Zur Darstellung eines großen Bw mit allen erforderlichen Anlagen und einer glaubhaften Gleisentwicklung benötigt man soviel Platz, daß für Bahnhof und Strecke kaum mehr etwas übrig bleibt.

Wer ein Bahnbetriebswerk bis ins kleinste Detail nachbauen will, muß dies zum Anlagenthema machen. Das ist in den Baugrößen H0 und N oder Z ohne weiteres möglich. Bei geschickter Planung können auf einer Vorführstrecke (Paradestrecke) viele Züge (evtl. automatisch) fahren, die Start und Ziel im Schattenbahnhof haben. Beide Anlagenteile, Bw und Vorführstrecke, können in einem Vorortbahnhof verknüpft werden, was die Fahrmöglichkeiten beträchtlich erweitert. In Abb. 87 wird ein Vorschlag für ein Bw als zentrales Thema einer Anlage gemacht. Die beigefügten Erläuterungen erleichtern die Orientierung. Abb. 88 zeigt eine andere Gleisanordnung, die der Regelausführung näherkommt.

In den Plänen sind verschiedene Ausschlackanlagen und Besandungstürme eingezeichnet. In Abb. 87 ist die Ausschlackanlage als kurze Anlage mit einem Schlackenbockkran und in Abb. 88 als lange Anlage mit Schlackensumpf vorgesehen. Im letzteren Falle wurde das Krangleis vom Kohlenwagengleis 14 bis zum Schlackenwagengleis 15 verlängert, damit man Schlacke und Lösche mit dem Portalkran verladen kann. Als Bekohlungsanlage ist auch hier eine mittlere oder eine große Anlage richtig eingeplant.

Für alle wesentlichen Anlagen – Drehscheibe, Lokschuppen, Rechteckhalle, Dieseltankstelle, um nur die wichtigsten zu nennen – kann man auf handelsübliche Erzeugnisse und Bausätze zurückgreifen. Nur sehr spezielle Anlagen und Gebäude sind im Eigenbau anzufertigen.

Ehe wir uns diesen Baulichkeiten zuwenden, soll noch ein Wort zum Anschluß des Bw an den Bahnhof gesagt werden. Dieses Bw liegt abseits vom zugehörigen Bahnhof. Deshalb ist das Verbindungsgleis als eingleisige Strecke nach den bekannten Regeln zu signalisieren, was im Plan eingetragen ist.

Besondere bauliche Anlagen sind in diesem Betriebswerk anzutreffen, da wir es als Mutter-Bw betrachten wollen. Es hat damit die Aufgabe, große Ersatzteile vorzuhalten und den Austausch an eigenen und fremden Lokomotiven vorzunehmen. Das bedeutet neben besonderen Lagergebäuden, daß im Ringlokschuppen die Stände 1 und 2 als Raparaturstände, im Standgleis 1 mit Achsenke, auszubilden sind. Davon kann man absehen, wenn man die Rechteckhalle 45 bei reinem Dampfbetrieb als Reparaturhalle verwendet.

Ein Dampflok-Bw kleineren Ausmaßes (Abb. 89) – vorerst noch ein Einzelstück, vorgesehen zum späteren Einbau in die Ringstrecke der geplanten Anlage – hat ebenfalls eine Reparaturhalle, hier Kranhalle (KH) genannt. Das ist in diesem Falle nötig, weil das nächste Ausbesserungs-

Abb. 87

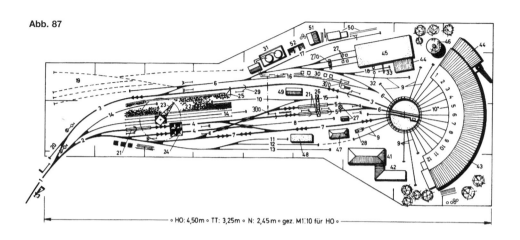

○ HO: 4,50m ○ TT: 3,25m ○ N: 2,45m ○ gez. M1:10 für HO ○

Abb. 88   Variante: Lange Ausschlackanlage und vereinfachte Gleisführung

Gleisbezeichnung
1   Verbindungsgleis
2   Einfahrgleis
3   Ausfahrgleis
4   Bekohlungsgleis
5   Ausschlackgleis
6   Zufahrgleise
7   Umfahrgleis und
    Hilfsausfahrgleis
8   Wartegleis
9   Aufstellgleis
10   Abstellgleis
11   Gleis für
    Aufgleisgerätewagen
12   Stofflagergleis
13   Hilfszuggleis
14   Kohlenwagengleise
15   Schlackenwagengleis
16   Betankungsgleis
17   Tankwagengleis

18   Reparaturgleis
19   Abstellgleise
20   Schutzweiche

**Bauliche und
maschinenartige Anlagen**

21   Untersuchungsgruben
22   Kohlenbansen
23   Kohlenkran
24   Bekohlungsbunker
    (Schüttgerüst)
25   Not- oder Hilfsbekohlung
26   Schlackenbockkran
27   Besandungsanlage, Sandbehälter
27a   Sandbehälter auf Turmgerüst
28   Rohrblasgerüst
29   Wasserkran
30   Dieseltankstelle
30 a   Mögliche Standorte für Ölkran
30 b   oder Schlauchanschluß

31   Tanklager
32   Hebeböcke
33   Bockkran mit Radsatzlager

Hochbauten

41   Verwaltung und Lokleitung
42   Übernachtungsgebäude
    und Kantine
43   Ringlokschuppen (Dampf)
44   Werkstätten und
    Heizzentrale
45   Rechteckschuppen
    (Diesel)
46   Wasserturm
47   Stellwerk
48   Stofflager
49   Aufenthaltsraum
50   Puffer- und Federnlager
51   Schuppen
52   Schrottboxen

Gleisabstand in den Behandlungsanlagen 6,0 m (H0 7 cm). Alle Weichenwinkel ≦15°, Gleisradien in H0 zwischen 60 und 100 cm. Ein- und Ausfahrsignale sind nur vorzusehen, wenn auf einem längeren Verbindungsgleis eine Signalisierung nötig ist.

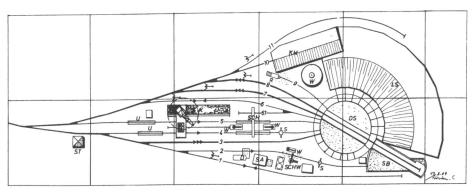

Abb. 89

1	Versorgungsgleis für Sand, Diesel- und Schweröl	61	Schlackenwagengleis
2	Tankgleis für Dieselloks und ölgefeuerte Dampfloks	7 + 8	Ausfahrgleise
3	Umfahrgleis für einfahrende Loks	9	Aufstellgleis und Ausblasgleis
4 + 5	Bekohlungsgleise	10	Reparaturgleis
6	Kohlenwagengleis	11	Hilfszuggleis

ST	Stellwerk	S	Besandungsanlagen	R	Rohrblasgerüst
U	Untersuchungsgruben	SA	Sandaufbereitungsgebäude	KH	Kranhalle für Reparaturen
K	Bekohlungsanlage	Sch	Schlackengruben mit Kran	LS	Lokschuppen, neun Stände/15°
W	Wasserturm und	DS	Drehscheibe 27 m	SCHW	Schwerölbehälter, Ölkran und
	Wasserkräne	SB	Schwenkbühne 27 m/30°		Pumpenhaus incl. Heizung

werk weit entfernt ist und dieses Bw als Mutter-Bw für die benachbarten kleineren Bw gilt.

Interessant ist in diesem Zusammenhang die Bauweise der selbst hergestellten Kranhalle mit der abgeschrägten Ecke an Gleis 11. Wie aus Abb. 90 ersichtlich, besteht die Halle aus einer Stahlkonstruktion mit Mauerwerk zwischen den Stützen. Ob man die Halle aus Messingprofilen baut und die Wände aus Sperrholz und Mauerfolie zusammenklebt, oder ob man die kompletten Wände aus Sperrholz fertigt und die Stahlträger nur mit Pappstreifen zwischen der Mauerfolie imitiert, ist einerlei. Wichtig ist, daß die optische Wirkung auf den Betrachter den Eindruck der Echtheit vermittelt.

Wegen der Kranbahn in der Halle ist eine große Bauhöhe erforderlich. Zur besseren Ausleuchtung ist oberhalb der Kranbahn eine durchgehende Verglasung angebracht. Im Modell ent-

Abb. 90

Abb. 91

steht sie aus Astralonfolie oder einer transparenten Kunststoffplatte, auf die mit dem Tuschefüller die Fenstersprossen und -stege aufgezeichnet werden.

Die überkragende Ecke ist durch zusätzliche Träger statisch richtig abgefangen. Die Stahltüren zur Kranhalle sind ausgesteift, wie es bei Türen dieser Größe nötig ist.

Rohrblasgerüste

Von Zeit zu Zeit müssen die Kesselrohre durch Ausblasen mit Druckluft von Ruß und sonstigen Ablagerungen befreit werden. Jeder Ansatz auf der Rohrwand vermindert den Wärmeübergang und senkt damit den Wirkungsgrad des Dampfkessels. Zum Ausblasen der Rohre sind in größeren Bw sogenannte Rohrblasgerüste vorhanden, die an das Druckluftnetz des Betriebswerkes angeschlossen sind. Mit einer Rohrlanze und einem Druck von etwa 10 bar (Atmosphären) werden die Rohre von der Rauchkammer aus Richtung Feuerbüchse gereinigt.

Das Rohrblasen gehört zu den Fristarbeiten und nimmt einige Zeit in Anspruch. Deshalb sind Rohrblasgerüste meist fest an einem Aufstell-

gleis angeordnet. Im selben Gleis kann eine Untersuchungsgrube vorhanden sein. Die abseitige Lage, wie sie aus Plan 87 und Plan 89 als Position 28 bzw. R in den Gleisen 9 hervorgeht, ist verständlich, da eine Einbindung in normale Behandlungsabläufe erheblich stören, ja sie zeitweilig ganz zum Erliegen bringen würde.

Neben dem festen Rohrblasgerüst, bei dem die Lok vor das Gerüst rangiert werden muß, werden auch fahrbare Rohrblasgerüste verwendet,

Abb. 92

Abb. 93

die mit geringem Aufwand vor eine kalt abgestellte Dampflok geschoben werden können. In diesem Falle werden die Loks mit der Rauchkammer zur Drehscheibe aufgestellt. Der Preßluftschlauch wird je nach dem Standort an entsprechende Druckluftentnahmestellen angeschlossen. Beide Ausführungen vereint Abb. 91.

Die Rohrblasgerüste entstanden in den Werkstätten der Betriebswerke. Einen einheitlichen Plan gab es nicht. Im Bw Heilbronn waren beide Ausführungen vorhanden, wo sie der Verfasser vor Jahren aufgespürt hat. Andere, ähnliche Bauarten solcher Gerüste sind von anderen Bw bekannt.

Für das Modell ist der Modellbahner nicht auf den reinen Selbstbau angewiesen, denn inzwischen sind entsprechende Bausätze auf dem Markt. Der Zusammenbau kann der Bauanleitung entnommen werden. Hier soll ein Hinweis zur Farbgebung genügen. Die Modelle erhalten einen verwitterten Anstrich aus Grau und Schwarz, vermischt mit Rostbraun.

Eine Einbausituation gibt Abb. 90 wieder, während Abb. 91 eine gestellte Aufnahme ist. In Abb. 91 wird gerade die 56er von Gützold, bei der die Rauchkammertür zum Öffnen ist, ausgeblasen. Damit bietet sich diese H0-Maschine, die es in DRG-, DR- und DB-Version gibt, geradezu für solch ein Motiv an. Beleben kann man die Szene noch durch einige Figuren in Aktion. Einem Bahnbediensteten (Preiser, Merten) auf dem Gerüst werden die Arme so zurechtgebogen, daß seine Hände die Blaslanze umfassen.

Bockkran, Radsatzlager und Radsatzwagen

Ein Kran in der Reparaturhalle oder die Achssenke im Reparaturgleis des Lokschuppens müssen nicht unbedingt nachgebildet werden. Zum Abladen von Radsätzen und anderen schweren Ersatzteilen findet man in den Betriebswerken im Freien stehende Bockkräne. Die Plazierung eines solchen Krans zeigt die Position 33 in Abb. 87. Die Konstruktion des Krans von Vollmer ist in Abb. 92 zu erkennen. Solch ein H0-Kran läßt sich aber auch im Eigenbau herstellen, wobei das Schutzhaus um die Laufkatze deren Anfertigung erübrigt. Als Krankette eignet sich eine zierliche Kette für wenig Geld aus dem Kaufhaus.

Abb. 95

Das Modell könnte man aus Messing- oder Kunststoffprofilen bauen, wobei als Portalträger H-Profile 2,5 mm x 2,5 mm und als Kranträger ein I-Profil 4 mm x 2 mm zu verwenden wären.

Die Radsätze werden vom Ausbesserungswerk mit einem Radsatzwagen angefahren. In der einfachsten Form ist das ein ehemaliger Rungenwagen. Eine einheitliche Lösung hat die Bahn mit dem Umbau von Behältertragwagen zum

Abb. 94

Abb. 96

Radsatztransportwagen geschaffen. Abb. 93 zeigt ein H0-Modell aus einem Bausatz und dem Basismodell Fleischmann-Nr. 5230/5231.

Spindelhebeböcke

Zum Austausch defekter Radsätze benötigt man Achssenken, und wo nicht vorhanden, Spindelhebeböcke. Manchmal findet man beide Einrichtungen zusammen. Bei der Einrichtung neuer Mutter-Bw werden elektromotorisch angetriebene Spindelhebeböcke vorgesehen, die in der Halle fest montiert sind. Abb. 94 zeigt im ehemaligen Bw Plochingen einen älteren, von Hand zu bedienenden Hebebock (Hebewinde). Diese Hebeböcke wurden nur noch zum Wechseln von Wagenradsätzen bei Heißläufen verwendet. Der Wagenkasten wird mit dem Querträger angehoben, und der Radsatz kann nach unten herausgenommen und gegen einen neuen ausgetauscht werden. Abb. 95 zeigt ein Modell.

Ölkran und Öltanklager

Der Ölkran ist in Abb. 87 als Position 30a/30b eingezeichnet, wobei die Lage 30b vorzuziehen ist. Der zugehörige Lagertank steht als Flachbodentank im Lager 31 an Gleis 17. Der andere Tank wird für Dieselkraftstoff verwendet.

Im Gleisplan 89 ist der Ölkran an Gleis 2 aufgestellt, und dicht daneben befindet sich das Öltanklager. Die Abb. 96 gibt einen Eindruck von diesem Anlagendetail.

Links im Bild faßt eine V 60 (DB-Reihe 260) Dieselkraftstoff an der Tankstelle, deren Größe für die wenigen Dieselloks des Betriebswerkes ausreicht. Daneben ist die Sandaufbereitungsanlage für die beiden Besandungsanlagen an den Gleisen 2 und 4. Anschließend kommt das Öllager mit je einem Tank für schweres Heizöl für die ölgefeuerten Dampfloks und für Dieselkraftstoff. Die beiden Behälter sind hochgesetzte Flachbodentanks. Die Auffangwanne für ausgelaufenes Öl hat Wände aus Beton und entspricht den

Abb. 97

Abb. 98

Abb. 99

Abb. 100

Abb. 101

Abb. 102

Abb. 103

Vorschriften für die Lagerung von Mineralölen. Sie dient dem Schutz des Trinkwassers.

Vom vorne stehenden Heizöltank geht eine frei-liegende Leitung zum Pumpenhaus, in dem das Heizöl vor dem Betanken der Loks vorgewärmt werden muß. Eine Lok der Reihe 10 steht mit dem Öltender direkt vor dem Ölkran.

Die Öltanks des Lagers 31 im anderen Plan wer-den ebenfalls durch eine Auffangwanne gesi-chert. Bei dem größeren Verbrauch, vor allem an Dieselkraftstoff, in diesem Bw sollten aber größere, bodenstehende Tanks verwendet wer-den.

Lager, Schuppen und sonstige Gebäude

Jedes Bahnbetriebswerk weist neben dem Lok-schuppen und der Wagenhalle bzw. Reparatur-halle eine Vielzahl meist kleiner Gebäude auf, die nach und nach erstellt worden sind. Diese Schuppen, Buden oder Backsteingebäude gehören auch im Modell zur Atmosphäre eines Betriebswerkes. Im schon mehrmals angespro-chenen Plan 87 wurde versucht, diese Forde-rung mit den Hochbauten der Positionen 41, 42 und 48–52 zu erfüllen. Sie stellen nur eine kleine Auswahl dar, aber bereits im Gleisplan ist die Belebung zu spüren. Daß daneben noch aller-hand „Krempel" herumliegt, ist wohl selbstver-ständlich. Die Abb. 97 bis 99 geben einen klei-nen Einblick beim Vorbild, die Abb. 100 bis 102 in Baugröße H0 wieder.

Auf keinen Fall dürfen vergessen werden die Lager für

– Ölfässer (Motorenöl, Getriebeöl);

– Puffer und Federn für Loks und Wagen;

– Radsätze;

– Schrott, sonstige Abfälle und Schmiedekohle.

Wieviel Details verwirklicht werden können und der Umfang des Lagers hängen natürlich von der Größe des Bw und vom Platz ab.

Einige Bemerkungen sollen zum Abschluß des Kapitels noch angefügt werden. Im Gleisplan 89 sind eine Drehscheibe und eine Schwenkbühne eingezeichnet. Dieser Aufwand ist beim Vorbild und beim Modell verständlich, wenn man weiß, daß für ein Ausziehgleis mit einer Weiche in Ver-längerung von Gleis 2 kein Platz vorhanden war. Der Einbau der Schwenkbühne war die einzige und nicht alltägliche Lösung.

Der Hilfszug soll in einem Gleis stehen, das beid-seitig durch Weichen angeschlossen ist. Die Gleise 11 in beiden Plänen stellen also keine Ideallösung dar.

In einem Bw dieser Größe sind gewöhnlich ein bis zwei Schneepflüge stationiert. Abb. 103 zeigt das Modell eines Klima-Schneepflugs.

Zur Ausgestaltung eines Bw gehört ganz zum Schluß die Anbringung von Gefahren- und Warnanstrichen, der Einbau von Absperrungen an gefährlichen Stellen und das Aufstellen von Tafeln und Schildern jeglicher Art. Nicht verges-sen darf man auch das Bw-Personal, das auf manchen Abbildungen zu sehen ist.

Zusammenfassung

1. **Das Bw als selbständiges Anlagenthema sollte großzügig geplant und gebaut wer-den.**

2. **Hier müssen alle Anlagen und Bauten zum gestellten Thema (Dampf-Bw oder gemischte Belegung) in Art und Größe passen.**

3. **Gut gestaltete Details, auch bei soge-nannten Nebensachen, helfen mit, die viel-gerühmte „Bw-Atmosphäre" zu erzeugen.**

4. **Beim Anschluß des Bw an die „Rest-Anla-ge" läßt sich auch durch Lokwechsel Betrieb machen. Züge können auf der Paradestrecke vorgeführt werden.**

9

Das Schmalspur-Bw

Das Schmalspur-Bw ist in den meisten Fällen ein kleines Bw, so daß man die weiter vorn gegebenen Anregungen übernehmen kann. Im folgenden Kapitel werden ergänzende Angaben für den Schmalspurbetrieb gemacht.

Greifen wir zwei Fälle heraus:

Der Normalfall: Die Schmalspur als Ergänzung zur normalspurigen Eisenbahn und zur Bereicherung des Fahrbetriebs.

Der Sonderfall: Die Schmalspur als eigenständiges Anlagenthema, eventuell mit einer Übergabestation zur Normalspur (Spurwechselbahnhof). Durch das zunehmende Angebot an qualitativ hochwertigen Erzeugnissen ist dieses Thema in den letzten Jahren immer interessanter geworden.

Die schmalspurige Nebenbahn als Ergänzung zur normalspurigen Hauptbahn ist auf vielen Anlagen die Regel. Der Lokbestand umfaßt ein bis zwei Fahrzeuge, entweder Dampfloks oder Dampflok und Diesellok, eventuell ergänzt durch einen Triebwagen. Der Triebwagen, normalerweise ein Dieseltriebwagen, könnte auch ein Dampftriebwagen auf Museumsfahrt sein. Oder man stellt die Epoche 2 dar, in der die Dampftriebwagen im regulären Einsatz waren.

Die Darstellung eines großflächigen elektrischen Fahrbetriebes geht nur über den Weg des Lok-Eigenbaus. Lediglich Roco bietet einen kleinen Fahrzeugpark der Mariazeller Bahn an. Die Rhätische Bahn ist dagegen eine schmalspurige Hauptbahn mit elektrischem Betrieb. Über diese Bahn kann der interessierte Leser im Kapitel Bw-Spezialitäten nachlesen. Eine weitere Möglichkeit besteht im Einsatz von Überland-Straßenbahnen.

Nehmen wir das letztgenannte zuerst. Abb. 104 gibt einen Eindruck vom Bahnhof Attersee, der Endstation am gleichnamigen See. Zwei Vorschläge zur fachgerechten Verlegung der Oberleitung (Sommerfeldt H0 und N, Arnold N) mit Quertragwerken und mit Einzelmasten sind in Abb. 105 nach dem Originalgleisplan gemacht. Der Schuppen, ursprünglich eingleisig, wurde durch Hinzufügen eines Anbaus zweigleisig mit je einem Stand. Der Schuppen dient nur zum Unterstellen der Fahrzeuge über Nacht, besonders im Winter.

Die Schuppen können in unterschiedlicher Bauweise erstellt werden. Da sind der Phantasie keine Grenzen gesetzt. Nur sollte man darauf verzichten, eine moderne Ellok-Halle zu verwenden. Sie ist von Größe und Baustil her deplaziert. Vielmehr sollte man prüfen, ob ein hölzerner Schuppen nach Schweizer Vorbild (Fides) in der Größe dazu paßt. Sonst bleibt nur der Selbstbau.

Ob man diesen Bahnhof mit zusätzlichen Gleisen und einer Werkstatt erweitern und damit zum zentralen Bahnhof der Bahn machen will, bleibt jedem selbst überlassen. Läßt man die Maste und Oberleitung weg, ist dieser Bahnhof auch für den Diesel- oder Dampfbetrieb geeignet, was sicher den Betriebsverhältnissen zur Anfangszeit der Strecke entspricht.

Gehen wir nun zurück zum Dampfbetrieb. Bei einer oder zwei Dampflokomotiven genügt eine Ausstattung wie in Mayrhofen, dem Endbahnhof

Abb. 104

Abb. 105

mit Quertragwerken

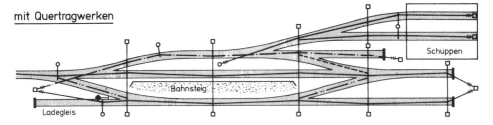

Schuppen

Bahnsteig

Ladegleis

mit Einzelmasten

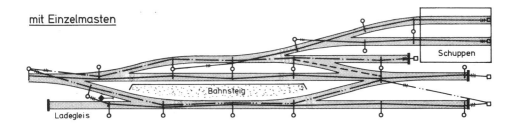

Schuppen

Bahnsteig

Ladegleis

der Zillertalbahn. Dort und im Heizhaus in Jenbach sind die Schmalspurdampfloks stationiert. Es genügt also das kleine, überdachte Kohlenlager (Abb. 106) und ein Wasserkran. Der Wasserkran in der Bauzeichnung ist ein anderer als im Original, aber von genauso typischer österreichischer Bauart.

Nach den Angaben in der Zeichnung kann aus Furnierholz (vom Schreiner) und aus gebeizten Holzleisten diese nette, kleine Bekohlung gebaut werden. Den Korb und die Schaufel aus

feinem Messingguß liefern Weinert oder Gerard, der Wasserkran ist bei Panier zu haben.

Eine Ausschlackgrube ist nicht vorhanden. Das bißchen Schlacke wird neben dem Gleis gelagert. Eine Arbeitsgrube im Schuppen sollte man dagegen einbauen.

Gegenüber dem Plan weist das Vorbild eine Tür vor dem Kohlenlager auf. Dadurch will man der unkontrollierten Entnahme von Kohle vorbeugen. Ziffern an der Schiebetür geben dem Lokführer an, wo er mit Lok 2 und Lok 3 zu halten

Abb. 106

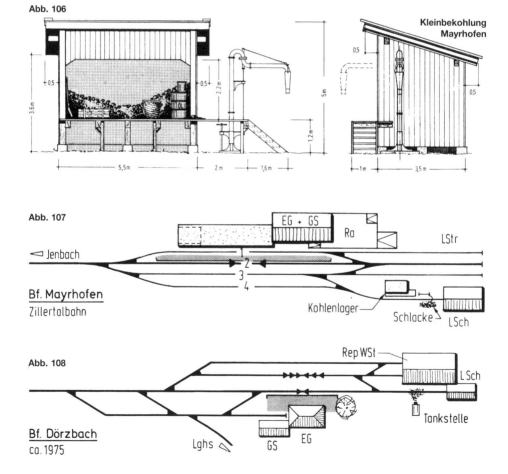

Kleinbekohlung
Mayrhofen

Abb. 107

EG + GS   Ra   LStr

Jenbach

Bf. Mayrhofen
Zillertalbahn

Kohlenlager   Schlacke   LSch

Abb. 108

Rep WSt   L Sch

Tankstelle

Bf. Dörzbach
ca. 1975

Lghs   GS   EG

Abb. 109

hat, damit die Wasserkastenöffnung direkt unter dem Auslauf des Wasserkrans steht.

Abb. 107 zeigt den Gleisplan von Mayrhofen. Die Gleise sind lang und können im Modell gekürzt werden. Genauso kann man statt des modernen

Empfangsgebäudes ein älteres im alpenländischen Stil wählen.

Einen Gleisplan aus deutschen Schmalspurgefilden zeigt Abb. 108. In Dörzbach befindet sich ein Lokschuppen und die zweigleisige Repara-

Abb. 110

turwerkstatt der schmalspurigen Jagsttalbahn in Baden-Württemberg.

Die politischen Veränderungen der letzten Jahre in Deutschland machen auch einen Blick nach Osten wieder interessant, wo noch neun dampfbetriebene Schmalspurbahnen auf drei verschiedenen Spurweiten verkehren. Besonders in Sachsen wird man in fünf Landstrichen fündig: Oschatz – Mügeln, Radebeul Ost – Radeburg, Zittau – Oybin/Jonsdorf, Freital – Kipsdorf und Cranzahl – Oberwiesenthal.

Da inzwischen viele Kleinserienhersteller Lok- und Wagenmodelle sächsischer Vorbildfahrzeuge in Baugröße H0e anbieten, sei auch hierfür ein Bw-Beispiel gegeben. Das Diorama in Abb. 109 vereint Bausätze von Auhagen und Pola.

Vielleicht sollten wir an dieser Stelle ein paar Worte zur Bekohlung von Schmalspurmaschinen sagen. Es sind kleine Maschinen wie die Lok Helene (ehemals M + F), die württembergische Malletlok (Panier), die dreiachsige SWEG-Dampflok Nr. 24 oder sächsische VI K und VII K (Bemo). Es wäre eine Bekohlung mit Körben vorstellbar, die auf einer Bühne bereitstehen, oder in unseren Tagen mit einem Förderband. Als Bekohlung mit Kran sind von der Zierlichkeit her bestens geeignet die Kleinbekohlungsanlagen von Auhagen, BTTB-Zeuke-Zubehör, Brawa

und Weinert. Bei anderen Erzeugnissen sollte man darauf achten, daß sie nicht zu groß und grob ausfallen.

Im Gleisplan Dörzbach von 1975 ist eine kleine Dieseltanksstelle eingezeichnet, die als Modell erhältlich ist. Diese Tankstelle ist zwar inzwischen zugunsten eines größeren, unterirdischen Lagertanks und eines darüberliegenden Omnibushofes gewichen, doch konnten damals die beiden Dieselloks und die Triebwagen damit versorgt werden.

Eine Einbausituation ist in Abb. 110 dargestellt. Der Einsatz des schmalspurigen Wismarer Schienenbusses, dem „Schweineschnäuzchen", ist von der Reichsbahn bis zur Bundesbahn, auf der Privatbahn und der Museumsbahn vorstellbar.

Abb. 111 zeigt den Gleisplan des Bahnhofs Beilstein an der ehemaligen Bottwartalbahn. Im zweigleisigen Schuppen konnte man vier Maschinen abstellen. Eine Bekohlungsanlage ist dem Autor aus der Endzeit des Bahnverkehrs nicht bekannt, könnte aber ohne weiteres eingeplant werden.

Im Bahnhof Heilbronn/Süd waren ein Einheitsbekohlungskran mit einem Kohlenlager und früher ein einständiger Lokschuppen vorhanden.

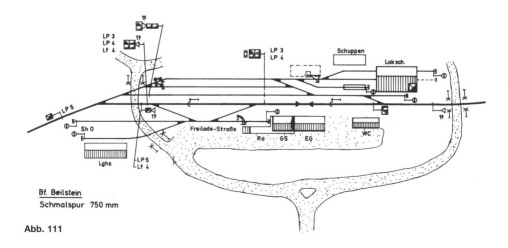

Bf. Beilstein
Schmalspur 750 mm

Abb. 111

Abb. 112

Abb. 113

Einen Eindruck vom Schuppen in Beilstein gibt die Abb. 112, während Abb. 113 die Umsetzung des Motivs in ein Modell zeigt.

Die Aufgabe, den Bahnhof Beilstein genau nachzubauen, war nicht gestellt. Beim Vorbild war eine Ausschlackgrube im Stumpfgleis vor dem Schuppen angeordnet, und in der Halle waren Arbeitsgruben vorhanden. Der große Lokschuppen hatte auf der rechten Seite einen Werkstattanbau und dahinter einen ins Gebäude einbezogenen Wasserturm.

Abb. 114

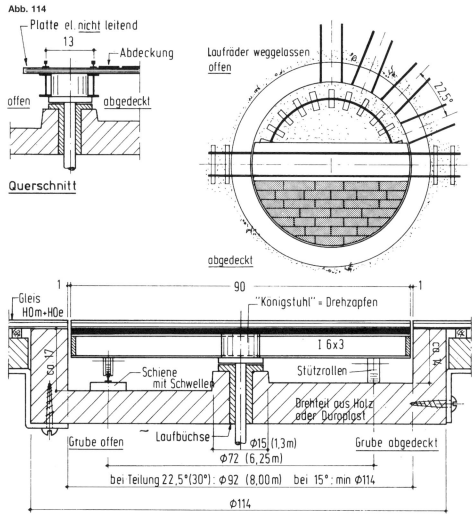

Drehscheibe Laichingen Bauvorschlag M1:1 für H0m+H0e

Mit dem Bahnhof Dettingen und dem verlängerten Lokschuppen (beide Bausätze von Kibri) läßt sich dieses Motiv fast stilecht nachbauen, wenn man davon absieht, daß der Kibri-Lokschuppen eine etwas andere Giebelfront hat und die Türen für die größeren Normalspurloks gebaut sind. Auf jeden Fall läßt sich durch Abwandlung des Bausatzes der Beilsteiner Schuppen recht gut nachbilden. Für die Aufstellung von zwei Tenderloks hintereinander muß eine Schuppenlänge von 250–300 mm eingeplant werden. Eine kleine Bekohlungsanlage ist gestrichelt im Gleisplan eingezeichnet. Eventuell muß der kleine Lagerschuppen verlegt werden.

Das Vorbild Bottwartalbahn eignet sich als schmalspurige Staatsbahn auch gut für ein selbständiges Anlagenthema. Die Fahrzeuge waren gegenüber vielen Privatbahnen recht stattlich. Zudem gibt es die Dampfloks, Dieselloks und die Wagen als Bemo-Modelle, was die ganze Sache erleichtert. Es stellt auch keinen Stilbruch dar, wenn man eine Mallet-Lok (Weinert) einsetzt, denn diese Loktype war zu Anfang des Jahrhunderts für kurze Zeit auf der Bottwartalbahn eingesetzt. Später war ihre Stammstrecke die Federseebahn von Schussenried über Buchau nach Riedlingen a. d. Donau.

1907 versah auch der einzige schmalspurige Kittel-Dampftriebwagen im Bottwartal und später am Federsee den Dienst. Dem Hören nach soll er auch auf der Strecke Möckmühl–Dörzbach gefahren sein.

Diese Hinweise mögen Ihre Phantasie beflügeln. Und so kann man ohne Bedenken auch die beiden SWEG-Dieselloks einsetzen, stammen sie doch aus derselben Maschinenfabrik wie die Dieselloks der Reihen V 51 (Reihe 251) und V 52 (Reihe 252).

In allen Beispielen sind dem Vorbild entsprechend Rechteckschuppen eingezeichnet. Da diese Bahnen über Tenderloks verfügten, war ein Ringschuppen und eine Drehscheibe äußerst selten anzutreffen. Bei den ausgedehnten Schmalspurnetzen auf dem Balkan mit den dort eingesetzten Schlepptender- und Stütztenderloks war das anders. Die großen Bw benötigten eine Drehscheibe. Bei den Schmalspurbahnen Mitteleuropas darf das Bw eine Nummer kleiner sein.

Die Drehscheibe muß selbst gebaut werden. Eine Brückenlänge von 7,5 m bis 8 m (H0e 85–92 mm) genügt für Tenderloks. Die I-Träger für die Brücke erhalten eine Bauhöhe von 5–6 mm. Abb. 114 zeigt den Schnitt durch die Drehscheibe im Bahnhof Laichingen, die sich vom Vorbild her für den Nachbau eignet. Wie Abb. 115 zeigt, wurde die Drehscheibe nur zum Drehen der Triebfahrzeuge verwendet und nicht als Zufahrt zu einem Lokschuppen. Beim Modell sollte man die Gleisabgänge so weit auseinander legen, daß sich die Gleise nicht überschneiden.

Wem der Bau einer Drehscheibe zu schwierig ist, der greife wieder zu einer N-Drehscheibe, die zu einer H0e-Drehscheibe umgebaut wird, oder zur Drehscheibe von Ferro-Suisse für H0m. Bei beiden Drehscheiben kann man mit etwas Geduld und Mühe die Spurweite H0m oder H0e herstellen. Es ist wohl selbstverständlich, daß beim Ein-

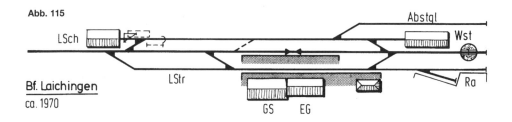

Abb. 115

Bf. Laichingen
ca. 1970

Abb. 116

bau der Drehscheibe in die Anlage Höhendifferenzen im Gleis ausgeglichen werden.

Beide Modelle haben nur einen Nachteil, daß die Brückenlänge mit 183 mm (Fleischmann) und 172 mm (Ferro-Suisse) für Tenderloks zu lang ist. Bei der Verwendung von schmalspurigen Schlepptenderloks ist das natürlich etwas anderes.

Zum Schluß soll noch ein Wort zum Transportwagen für Schmalspurfahrzeuge gesagt werden. Mit diesem Wagen, wie ihn Abb. 116 in Cranzahl zeigt, wurden Loks und Wagen für größere Reparaturen ins Heimat-Bw oder ins Ausbesserungswerk gefahren. Wer einen Spurwechselbahnhof darstellt, sollte auf dieses Motiv nicht verzichten.

Zusammenfassung

1. Die Vorschläge für das kleine Bw gelten auch für das Schmalspur-Bw.

2. Bei einer bis zwei Loks genügt eine kleine und recht einfache Behandlungsanlage.

3. Bei drei bis vier oder mehr Loks müssen alle typischen Behandlungsanlagen in kleiner Form dargestellt werden.

4. Ab den 60er Jahren waren die Bw oft gemischt belegt, wobei eine großzügige Betrachtungsweise in der Zusammensetzung sich anbietet. Die Fahrzeuge müssen aber zueinander passen.

5. Drehscheibe und Ringlokschuppen waren im Schmalspur-Bw äußerst selten.

10
Das Diesellok-Bw

Auf Modellbahnanlagen sind reine Diesellok-Bw selten zu finden. Sie beschränken sich wohl auf den Nachbau bestimmter Vorbildsituationen vorwiegend in Norddeutschland. Trotzdem wollen wir die typischen Bestandteile dieser Betriebswerke in verschiedenen Ausbaustufen betrachten. Hinzu kommt, daß in ehemaligen Dampflok-Bw mit der Verbreitung der Dieselloks entsprechende Behandlungseinrichtungen erforderlich wurden.

Das kleinste Diesellok-Bw ist sozusagen die Einsatzstelle für eine einzelne Rangierlok des Typs Köf II oder Köf III oder eine schmalspurige Rangierlok. Es genügen ein Lokschuppen und eine kleine Dieseltankstelle. Das „Bw" wird an irgendeinem Stumpfgleis eingerichtet.

Da es an geeigneten Schuppen für eine Kleinlok fehlt, soll als Bauvorschlag der Kleinlokschuppen Wendlingen in Abb. 117 aufgezeigt werden. Die Einfahrtseite ist in Mauerwerk gebaut, während die anderen drei Seiten aus Stahlträgern bestehen, zwischen die Bimsplatten bzw. Gasbetonplatten gestellt sind.

Die Fenster sind einfach verglaste Industriefenster. Ein kleiner Anbau ist an der Rückseite angebracht. Das Dach ist mit Bitumenpappe belegt. Eine Entlüftung und ein Kamin können vorgesehen werden. An der Wand auf der linken Seite vom Gleis ist eine Werkbank für die Durchführung von Wartungsarbeiten und kleinen Reparaturen aufgestellt. Eine Arbeitsgrube sollte vorgesehen werden.

In vielen Bahnhöfen ist die Stationierung einer Kleinlok aufgehoben, was für den Modellbahner kein Grund sein sollte, es der Bundesbahn gleichzutun. Eine Kleinlok wird benötigt, wenn eine genügend große Menge Rangierarbeit zu leisten ist. Das ist der Fall, wenn:

– viele Gleisanschlüsse zu bedienen sind;

– Wagen von der Normalspur auf die Schmalspur zu überstellen sind (Umsetzanlage);

– die Kleinlok einzelne Wagen in benachbarte Bahnhöfe bzw. Gleisanschlüsse überführen muß.

Doch gehen wir nun zu den größeren Anlagen. Abb. 118 zeigt den Bahnhof Weissach, den Endbahnhof einer nichtbundeseigenen Bahn, auf der außer dem Museums-Dampfzug nur Triebwagen verkehren.

Der Gleisplan wurde etwa im Jahre 1970 aufgenommen. Die Bekohlungsanlage war schon verschwunden und dafür die Dieseltankstelle eingerichtet. Der Tank faßt 30 000 l und reicht zur Versorgung von mehreren Dieselloks und Triebwagen. Bei größerem Bedarf können aus zwei Bausätzen ein großer Tank mit 50 000 l Inhalt gemacht werden.

Beim Umbau sollte man einen Kesselschuß weglassen. Außerdem ist darauf zu achten, daß der Behälter nur auf zwei Sattelfüßen liegt. Die Löcher werden mit einem Zweikomponentenkleber verschlossen und anschließend verschliffen. Als Lackierung sind alle Farbtöne von einem hellen Maschinengrau über Silber bis zu einem stumpfen Weiß möglich.

Abb. 119 zeigt den Größenvergleich zwischen einem verlängerten Tank mit dem zehnfachen Inhalt des kleinen Tanks.

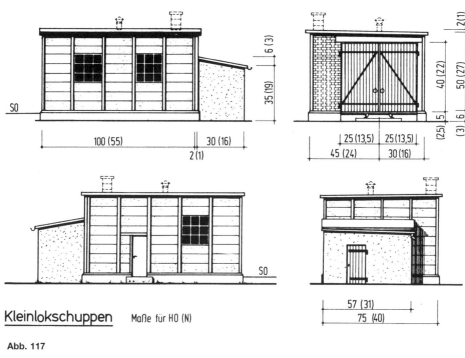

Kleinlokschuppen Maße für H0 (N)

Abb. 117

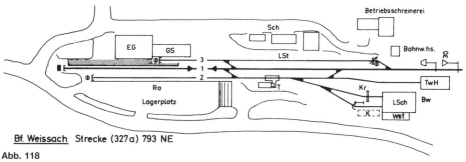

Bf. Weissach Strecke (327a) 793 NE

Abb. 118

Hier wird es Zeit, den Leser mit ein paar Zahlen aus der Eisenbahn-Lehrbücherei der DB bekanntzumachen:

Den Verbrauch der Dieselloks anderer Baureihen kann man daran abschätzen. Der Vorrat der Lagertanks soll bei 80 % Füllung für zwei Mona-

Abb. 119

Loktyp	Verbrauch pro 100 km	Fassungsvermögen des Kraftstoffbehälters
V 60 (260)	130–200 l	1 500 l
V 100 (211–213)	170–190 l	2 500 l
V 200 (220/221)	175–250 l	3 000 l + 300 l Reserve

te ausreichen. Aus der Anzahl der Lokomotiven und der angenommenen Kilometerleistung läßt sich die Größe der Lagertanks berechnen. Eine überschlägige Berechnung zeigt, ob ein Lagertank ausreicht oder ob man besser einen anderen oder gar zwei nimmt.

Weiter verrät die Vorschrift: Bei der DB werden folgende zylindrische Lagertanks verwendet:

– mit gewölbten Böden, liegende bis 100 000 l Inhalt (auf Sattelfüßen aus Stahl oder Beton);

– mit gewölbten Böden, stehende bis 50 000 l Inhalt;

– stehend auf einem flachen Boden (Flachbodentanks) mit gewölbtem Deckel bis 70 000 l Inhalt.

Die zylindrischen Tanks sind in älteren Anlagen meist unterirdisch eingebaut. Bei Neuanlagen werden sie heute meist oberirdisch aufgestellt, weil das billiger ist. In Wasserschutzgebieten ist ein unterirdischer Einbau grundsätzlich verboten.

Bei der Planung entscheidet man sich für eine passende Tankform und Tankgröße. Die Zubehörindustrie bietet genug Möglichkeiten, jede Art der Lagerung zu verwirklichen. Sie muß nur glaubhaft ausgestaltet werden, und das geht meist nicht ohne zusätzliche Umbau- oder Detaillierungsarbeiten ab. Das trifft vornehmlich auf die Durchmesser der Leitungen zu, die manchmal etwas zu stark geraten sind. Dies ist auf die Herstellung im Kunststoff-Spritzguß zurückzuführen, wobei eine gewisse Mindeststärke nicht unterschritten werden kann.

Zum Schutz vor ausfließendem Brennstoff beim Leckwerden müssen die oberirdischen Tanks für Dieselkraftstoff und Heizöl in einer Auffangwanne stehen, sofern auf einem Lagerplatz mehr als 40 000 l gelagert werden. Der Auffangraum wird

durch Erdwälle (nehmen viel Platz weg) oder durch Betonwände wie im Beispiel der Abb. 96 auf Seite 78 begrenzt. Er muß je nach Anzahl der Tanks 40–50 % des gesamten Fassungsvermögens aufnehmen können.

Einzeln stehende Tanks genügen in den meisten Fällen dem Bedarf an Kraftstoff. Lediglich bei einem großen Bestand an Dieseltriebfahrzeugen ist ein größeres Öltanklager mit mehreren Zapfsäulen vorzusehen. Ein Beispiel gibt Abb. 120 von der Anlage Tappert in Ansbach. Neben dem Lager für Heizöl und Dieselkraftstoff mit dem Pumpenhaus ist das Tankgleis mit insgesamt sechs Zapfsäulen und einer Bude für den Tankwart angeordnet.

Es ist verständlich, daß bei der Größe dieser Tankanlage die Zapfsäulen nicht vor den Tankstellen stehen können. Die Leitungen zur Pumpenstation sind frei verlegt, von dort zu den Zapfsäulen werden die Rohre im Boden, bzw. in einem Rohrkanal geführt. Die nicht überdachte Tankstelle ist durchaus realistisch. In machen Fällen ist jedoch zum Schutz gegen Wind und Wetter ein Schutzdach oder eine Schutzhütte vorhanden.

In Abb. 121 ist der auf drei Seiten geschlossene Unterstand des Bw Zittau zu sehen, der hier das Betanken der auf Leichtölfeuerung umgebauten Baureihe 099.72/73 ermöglicht.

Auf keinen Fall darf die betonierte Auffangfläche vergessen werden, die verschüttetes Öl und ölverschmutztes Regenwasser zum Schutz des Trinkwassers über einen Ablauf dem Ölabscheider zuführt. Abb. 122 zeigt die typische Ausführung einer solchen Auffangfläche. Sofern sie dem Bausatz nicht beiliegt, muß sie nach den folgenden Angaben selbst gebaut werden.

Die Schienen liegen auf quadratischen Betonsockeln oder auf Betonstreifen, die für den Was-

Abb. 120

serablauf unterbrochen sind. Ein Bretter- oder Gitterrost wie in Abb. 120 kann verlegt werden. Zwei Beispiele mögen das verdeutlichen:

Bei der Kibri H0-Tankstelle wird das Gleis durch die Auffangfläche hindurchgelegt. Diese einfache Verlegungsart verbessert der Modellbahner, indem er die Schwellen auf beiden Seiten der Schienen soweit absägt, daß quadratische

Sockel übrigbleiben, die dann mit Klebstoff auf dem Boden befestigt werden. Mit einer Holzleiste oder einem Kunststoffprofil wird die Umfassungswand geschlossen. Der Ablauf für das Wasser ist bereits vorhanden.

Abb. 123 zeigt Tankstelle und Öllager in N von Arnold. Nehmen wir an, daß der große Behälter Heizöl speichert und die beiden kleinen Tanks

Abb. 121

Abb. 122

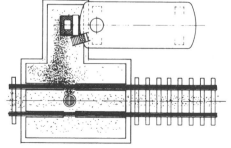

mit Dieselkraftstoff gefüllt sind. An den kleinen Tanks sollte man die Füße der Kessel (= Behälter von Kesselwagen) so kürzen, daß Sattelfüße daraus werden wie beim großen Behälter. Die Pumpstation, die Ölauffangwannen um die Tanks und sieben Zapfsäulen sind vorhanden. Der Plattenboden kann akzeptiert werden. Aber die Ölauffangfläche im Gleis muß in der vorher beschriebenen Weise hergestellt werden.

Die Anordnung der Zapfsäulen sollte gegenüber der Abbildung verbessert werden. Die Aufstellung von je zwei Zapfsäulen, je eine für Diesel und Heizöl, auf beiden Seiten der Gleise ist bei einer großen Treibstoffabgabe üblich. Sonst genügt eine Zapfsäule pro Gleisseite für Dieselkraftstoff bzw. Heizöl. Bei geringem Bedarf steht nur eine Zapfsäule unmittelbar vor dem Tank.

Die Umgebung der Zapfsäule und der Boden der Auffangfläche werden mit Spuren verschütteten Öls versehen. Das macht man am besten mit dunkelgrauer und schwarzer Farbe, die ruhig etwas glänzen darf. Anregungen dazu holt man sich bei Großtankstellen für den Straßenverkehr.

Die Aufstellung der Zapfsäulen zwischen den beiden Tankgleisen ist in Abb. 124 festgehalten. Das Beispiel für Baugröße I kann auf andere Baugrößen übertragen werden. Auch hier sind zwei Zapfsäulen für Dieselkraftstoff und zwei für Heizöl aufgestellt.

Größere Tanklager haben ein Kesselwagengleis mit einem Anschluß für die Fülleitung der Tanks. Dieses Gleis ist notwendig, damit nicht während des Füllens der Lagertanks die Zapfsäulen blockiert werden (Abb. 125).

Abb. 123

Nach diesen grundsätzlichen Betrachtungen wenden wir uns wieder den Gleisplänen zu. Im Dampflok-Bw wurden für die zugeteilten Dieseltriebfahrzeuge besondere Tankgleise – in der ersten Zeit teilweise ohne Auffangfläche – vorgesehen. Wo die Dieselloks die Dampfloks inzwischen ganz verdrängt haben, wurden die Tanksäulen an den Untersuchungs- bzw. Ausschlackgruben aufgestellt. Die betonierte Bodenplatte und die bereits vorhandenen Abflüsse verringerten die Anlagekosten.

Aus der Art der Belegung eines Betriebswerkes ergeben sich vier unterschiedliche Vorschläge:

Abb. 124

1. Gemischte Belegung

1.1 Dampfloks und Dieselloks sind im selben Schuppen untergestellt. Neben den Behandlungsanlagen für die Dampfloks wird eine Dieseltankstelle an einem besonderen Tankgleis benötigt.

1.2 Dampfloks und Dieselloks stehen in getrennten Hallen, wie im Gleisplan der Abb. 85 ersichtlich. Die Rechteckhalle wurde für die Dieselloks erstellt und darf gegenüber dem älteren Ringlokschuppen einen modernen Baustil haben. Die Halle wird direkt an das Ein- und Ausfahrgleis angeschlossen. Bei vier Hallengleisen ist eine Schiebebühne nicht erforderlich. Die Zapfsäulen sind so aufgestellt, daß an jedem Gleis getankt werden kann. Ein liegender Öltank von 50 000 l oder 100 000 l Inhalt genügt zur Versorgung der Triebfahrzeuge. In der Halle ist Platz für maximal acht Dieselmaschinen.

Abb. 125

Einen Vorschlag für N zeigt Arnold in der Abb. 126 mit einem Kesselwagengleis vor dem Öllager. Für das große Öllager sollte man aber besser zwei Hallen mit insgesamt vier Gleisen einplanen, selbst wenn man davon ausgeht, daß andere Dienststellen von diesem Lager aus mit Heizöl und Dieselkraftstoff versorgt werden.

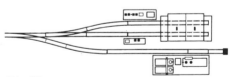

Abb. 126

2. Belegung nur mit Dieselloks

2.1 Haben die Dieselloks die Dampfloks abgelöst, werden die nicht mehr benötigten Behandlungsanlagen wie Bekohlung und Ausschlackgruben abgebaut bzw. zugeschüttet. An den Untersuchungsgruben können – wie vorhin beschrieben – die Zapfsäulen aufgestellt werden, wenn man nicht die Neueinrichtung von Tankgleisen vorzieht. Am Schuppen braucht nichts geändert zu werden, außer der Verringerung der Anzahl der Rauchabzugsrohre oder deren völlige Demontage. Die bei einem Ringlokschuppen vorhandene Drehscheibe wird genauso benötigt wie bei den Dampfloks.

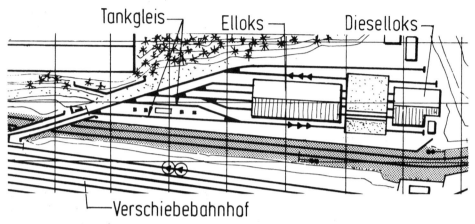

Tankgleis — Elloks — Dieselloks —

└— Verschiebebahnhof

Planung (HO) eines Bw für moderne Traktionsarten

Abb. 127

2.2 Im letzten Beispiel soll ein modernes Bw für Dieselloks beschrieben werden. Hier finden wir ausschließlich moderne Rechteckhallen, wie sie von vielen Firmen angeboten werden.

Bei reichlich Platz entwickeln sich die Hallengleise aus einer Weichenstraße. Eine Schiebebühne könnte bei einem großen Diesellok-Bw zwischen zwei Hallen eingeplant werden.

Steht weniger Fläche zur Verfügung, greift man zu einer Schiebebühne. Eine Dreh-Schiebebühne wird hier nicht benötigt. Den unterschiedlichen Platzverbrauch zwischen einer Weichenstraße und einer Schiebebühne zeigt Abb. 51 auf Seite 47.

Die Zapfsäulen müssen auch hier an besonderen Tankgleisen stehen. Ein Beispiel zeigt Abb. 127.

Abb. 128

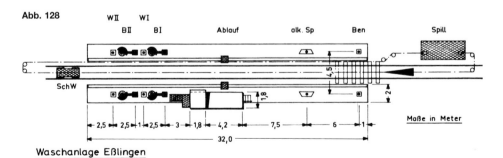

Waschanlage Eßlingen

BI, BII	rotierende Waschbürsten (Walzenbürsten)	alk. Sp	Spritzstände für alkalische Reiniger
WI, WII	Waschportale mit Wasserdüsen	Ben	Benetzungsportale
		SchW	Schubwagen

Zum Schluß sollen noch ein paar Anregungen zur Ausstattung der Hallen gemacht werden. Die wartungsfreundlichen, modernen Triebfahrzeuge benötigen weniger und andere Anlagen.

Aus der Dampflokzeit herrührende Arbeitsgruben und Achssenken werden weiterhin benutzt. Bei Neuanlagen benötigt man nicht in jedem Gleis eine Arbeitsgrube, und auch die Anzahl der Ausbesserungsstände darf geringer sein, wenn eine Unterflurdrehmaschine vorhanden ist. Diese dient dazu, die Umrisse von Radreifen zu korrigieren, ohne daß die Radsätze ausgebaut werden müssen. Es fallen also weniger Radsätze zum Tausch an. Bei der Einrichtung neuer Mutter-Bw werden zum Tausch von Radsätzen, Drehgestellen und Getrieben elektrisch angetriebene Spindelhebeböcke vorgesehen.

Im großen Diesellok-Bw sollte man auf eine Reinigungsanlage nicht verzichten, bietet sie doch eine Bereicherung. Fahrzeuge mit glatten Außenwänden lassen sich in Anlagen mit rotierenden Bürsten (Walzenbürsten) reinigen. Solche Waschanlagen sind von der Reinigung der Reisezugwagen her bekannt. Liegt eine solche Anlage in der Nähe, wird sie vom Triebwagen mitbenutzt.

Abb. 128 zeigt den Grundriß der alten Waschanlage für die ehemaligen Stuttgarter Vororttriebwagen ET 65 (Reihe 465) in der inzwischen aufgehobenen Bw-Außenstelle Esslingen. Das Beispiel wurde gewählt, weil es relativ kurz ist. Solche Anlagen werden auch zum Reinigen von Elloks verwendet. Daß in diesem Fall die Fahrleitung während des Reinigungsvorganges abgeschaltet sein muß, leuchtet jedermann ein.

Teilweise sind Waschanlagen mit fahrbaren Bürsten – wie sie von manchen Autowaschanlagen her bekannt sind – auch in der Halle untergebracht, was im Winter Vorteile bietet. An Loks mit ungleicher Breite des Fahrzeugaufbaus wie bei der V 60 (260), V 65 (265) und V 90 (290) kann mit rotierenden Waschbürsten nicht gearbeitet werden. Diese Lokomotiven werden von Hand gereinigt.

Zur Inspektion des Daches und für Reparaturen daran ist ein Hallengleis auf beiden Seiten mit einer Arbeitsbühne mit hochliegender Plattform ausgerüstet, die ein unfallsicheres Arbeiten gestattet.

Eine Besandungsanlage kann vorhanden sein, bzw. es wird das Besandungsgerüst der Dampfloks weiterhin benutzt. Man muß jetzt nur die Schläuche mit den Teleskoprohren verlängern, weil die Sandkästen an den Drehgestellen oder am Rahmen sitzen. Eine andere Methode ist die Besandung mit dem Sand- oder Schubkarren.

Zusammenfassung

1. **Das kleinste Diesellok-Bw besteht aus einem Kleinlokschuppen und einer kleinen Tankstelle.**

2. **An jeder Dieseltankstelle muß zum Schutz des Trinkwassers vor Verunreinigungen eine Ölauffangfläche eingebaut werden.**

3. **In mittleren und großen Diesellok-Bw sind besondere Tankgleise einzuplanen. Die Lagertanks für Dieselkraftstoff und für Heizöl lagern in der Regel oberirdisch. Ab einer bestimmten Größe ist ein Ölauffangraum erforderlich.**

4. **Ein ehemaliges Dampflok-Bw läßt sich mit geringem Aufwand in ein Diesellok-Bw umrüsten, wobei Schuppen und Drehscheibe weiterbenutzt werden.**

5. **Bei der Neuanlage eines Diesellok-Bw werden die Hallengleise über eine Weichenstraße oder mit einer Schiebebühne angeschlossen. Die Auswahl richtet sich nach der Anzahl der Hallengleise und dem verfügbaren Platz. Besondere Tankgleise müssen und eine Waschanlage kann vorgesehen werden.**

11

Das Ellok-Bw

Was im vorangegangenen Kapitel über die modernen Triebfahrzeuge gesagt wurde, gilt unverändert auch für die modernen Elloks. Wir wollen also das Augenmerk auf die besonderen Belange des Fahrleitungsbetriebes richten.

Für die Nebenbahn mit ihren ein bis zwei kleinen Maschinen der Reihe E 69 oder E 73 (Günther), mit Elektrotriebwagen oder für eine elektrische Überlandbahn werden kleine Rechteckschuppen mit höchstens zwei Gleisen benötigt. Ein Gleisplan zeigt Abb. 105 auf Seite 84. Nur bei einer Modernisierung von Strecke und Bahnhof wurde der ältere Schuppen durch eine moderne Halle ersetzt, sofern der Bauzustand nicht mehr gut war oder eine größere Hallenfläche benötigt wurde. Ins Auge fallende Behandlungsanlagen fehlen, wenn man von Arbeitsgruben im Schuppen absieht, die gerade bei den älteren Elloks aus der Reichsbahnzeit mit ihren vielen Schmierstellen notwendig waren. Auch eine Besandungsanlage ist nicht vorhanden.

Dafür muß man jetzt stärker ins Detail gehen. Die Hallentür wird höher wegen des Fahrdrahts. Nach DB-Vorschrift muß die lichte Höhe bei Dampflokhallen, die auf elektrischen Betrieb umgestellt werden, mindestens 5,30 m (H0 61 mm, N 33 mm) betragen. Vor der Hallentür ist ein Fahrdrahttrenner einzubauen und durch ein Fahrleitungssignal El 6 zu kennzeichnen. Bei großen Schuppen sind diese Signale dreh- oder klappbar (Abb. 129), und die Signalanzeige ist mit dem Schalter für den Fahrstrom gekoppelt. Daß der Fahrstrom nur bei geöffneter Tür eingeschaltet werden darf, ist wohl einleuchtend.

Auf der Modellbahn kann man auf ein bewegliches Signal El 6 „Halt für Fahrzeuge mit gehobenem Stromabnehmer" verzichten. Der Fahrdraht darf aber auch hier nur eine Spannung erhalten, wenn die Tür geöffnet ist. Eine elektrische Abhängigkeit ist in der Weise herzustellen, daß mit einem Schalter der Fahrstrom eingeschaltet und die Tür geöffnet wird. Wer beides trennen will, braucht zwei Schalter, es sei denn, die Tür wird über einen Tormechanismus gesteuert, der von der Lok ausgelöst wird. Solche Lösungen sind von manchen Bausätzen her bekannt.

Beim mittleren und großen Bw unterscheiden wir wie im vorigen Kapitel eine gemischte Belegung und eine Belegung ausschließlich mit Elloks.

1. Gemischte Belegung

1.1 Wurden im Zuge der Elektrifizierung einem Bw Elektrolokomotiven und/oder elektrische Triebwagen zugeteilt, so war für die neuen Fahrzeuge entweder ein alter Schuppen mit Fahrdraht zu versehen oder ein neuer Schuppen zu bauen. Eine gleichzeitige Belegung mit Dampfloks und Elloks ist auszuschließen. Greifen wir wieder zum Gleisplan der Abb. 85. Ohne Schwierigkeiten läßt sich die Rechteckhalle für das Unterstellen von Elloks umfunktionieren. Die zur Halle führenden Gleise, die gestrichelt eingetragenen Abstellgleise und eventuell die beiden Gleise zwischen Halle und Hilfsbekohlung erhalten eine Oberleitung. Ähnlich zu verfahren ist beim Gleisplan der Abb. 87 auf Seite 74.

1.2 Eine Nutzung durch Dieselloks und Elloks ist jedoch jederzeit möglich, wie der Gleisplan des Bw Freilassing (Abb. 130) zeigt. Nur die Gleise 2–12 haben einen Fahrdraht und sind für Elloks befahrbar. Die Gleise 1 und 13–20 werden zum Abstellen und zum Unterhalt von Dieselloks, Bahndienstfahrzeugen und des Klima-Schneepflugs benutzt.

2. Belegung nur mit Elloks

2.1 In diesem Fall werden alle Hallengleise mit Fahrdraht überspannt. Dabei spielt es keine Rolle, ob die Hallenzufahrt über eine Drehscheibe, eine Schiebebühne oder eine Weichenstraße erfolgt. Das Vorbild kennt alle drei Arten.

Beim Modell ist das schon schwieriger, wenn man die Verlegung der Oberleitung über die Weichenstraße als bekannt voraussetzen darf. Weiter unten gehen wir auf die Probleme Drehscheibe und Schiebebühne ein.

2.2 Als letztes Beispiel bleibt wie bei den Dieselloks die Planung und der Bau eines neuen Ellok-Bw mit modernen Rechteckhallen und mit den erforderlichen Anlagen für Unterhalt und Pflege. Bei diesem Bw werden für die Hallenzufahrt ausschließlich Weichenstraßen und/oder Schiebebühnen verwendet (vgl. Abb. 51 auf Seite 47).

Abb. 129

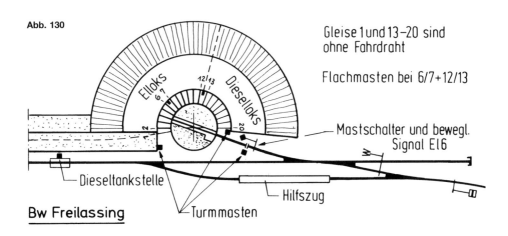

Abb. 130

Gleise 1 und 13–20 sind ohne Fahrdraht

Flachmasten bei 6/7 + 12/13

Mastschalter und bewegl. Signal El6

Dieseltankstelle

Turmmasten

Hilfszug

Bw Freilassing

Folgende Accessoires sollten im Ellok-Bw nicht fehlen:

– Unterflurdrehmaschine;

– einige Untersuchungs- bzw. Arbeitsgruben;

– eine Arbeitsbühne für Arbeiten am Dach, zum Austausch der Schleifstücke und zum Wechseln der Stromabnehmer;

– Spindelhebeböcke zum Austausch der Drehgestelle;

– Reinigungsanlagen im Freien oder in der Halle.

Bei der Besandungsanlage mit einem Turmgerüst ist das Gerüst mit Rücksicht auf den Fahrdraht erheblich höher. Ein Modell läßt sich aus den H0-Besandungsanlagen von Kibri und Vollmer herstellen.

Das Gerüst Rheine (Kibri) kann unverändert übernommen werden, wenn zwischen dem Tragseil der Oberleitung und der Unterkante des Gerüstes ein Mindestabstand von 4 mm (Vorbild 30 cm) übrigbleibt. Der Sandbehälter wird auf ein Podest ca. 20 mm über der Bühne des Gerüstes gesetzt. Dieser Abstand entspricht beim Vorbild etwa 1,50 m. Zum Podest führt eine kleine Leiter hinauf.

Außerdem sind die Sandabsperrschieber und die Entnahmeschläuche mit den Teleskoprohren außen am Gerüst vorbeizuführen, daß sie weder ins Lichtraumprofil ragen, noch der Oberleitung zu nahe kommen. Vorsichtshalber sollte man das Tragseil abtrennen und zusammen mit dem Gerüst erden.

Das Vollmer-Besandungsgerüst eignet sich nicht für die Durchfahrt der Elloks, da die Untergurte relativ niedrig über dem Gleis liegen. In diesem Fall wird das Besandungsgleis außen auf der Seite des Sandbehälters vorbeigeführt. Ein Schutzgitter bis etwa auf die Höhe des Untergurts sollte als Berührungsschutz angebracht werden. Außerdem werden Gerüst und Tragseil, letzteres auf einer Länge von 80–100 mm, geerdet.

Aber wie schon gesagt, ein Besandungsgerüst ist nicht erforderlich. Es gibt ja den Sandkarren oder einen Schubkarren.

Kehren wir nun zurück zu den eigentlichen Problemen des Ellok-Bw: Die Oberleitung über Drehscheibe und Schiebebühne.

Die Oberleitungsspinne

Unter einer Oberleitungs- oder Fahrleitungsspinne (OL-Spinne) versteht man die Fahrdrahtkonstruktion, die von der Mitte über der Drehscheibe in Gleisachse zum Lokschuppen führt. Und da das Ganze wie eine Spinne bzw. wie ein Spinnennetz aussieht, nennt man dieses Gebilde eine OL-Spinne.

Dabei werden alle oder nur einzelne Gleise wie im Bw Freilassing (Abb. 131) überspannt. Aus diesem Grunde dürfte auch die Spinnenkonstruktion etwas einfacher ausgefallen sein als es bei der Überspannung aller Gleise üblich ist.

Von einem Drahtring aus gehen die Fahrdrähte strahlenförmig weg. Weiter außen gibt ein kreisförmig gebogener Draht mechanischen Halt und verbindet die einzelnen Fahrdrähte elektrisch. Darüber sind sechs Tragseile zu erkennen, die zu den Abspannmasten führen und mit Hängern die Spinne halten.

Vor jeder Schuppentür sitzt ein Fahrdrahttrenner. Ein Trenner und ein Mastschalter sind am Turmmast in der Zufahrt vor der Drehscheibe eingebaut. Im Schuppen werden die Fahrdrähte V-förmig zu den Pfeilern der Hallenrückwand abgespannt.

In österreichischen Bw stehen auf der Torseite des Schuppens Abspanngerüste, die auch die Trennschalter tragen.

Die Anfertigung einer OL-Spinne erübrigt sich, wenn man das aus Messing geätzte H0-Modell (Neff) der Abb. 132 verwendet, das zur Fleischmann-Drehscheibe paßt. Beim Einbau verfährt man nach der Anleitung, wobei man darauf achten muß, daß der Fahrdraht jeweils über der Gleisachse liegt. Die Tragseile sollten unbedingt angelötet werden.

Die Elloks des Vorbilds werden mit gesenkten Stromabnehmern gedreht. Beim Modell ist das nicht nötig, weil die 7,5°-Teilung der Fahrdrähte die Bügel führen. Aus diesem Grunde sollte man die Spinne unverändert lassen, auch wenn man nur einige Gleise überspannen will.

Wer dagegen die Zahl der Fahrdrähte der Anzahl der überspannten Gleise angleichen will, muß darauf achten, daß der Fahrdraht über die Mitte der Spinne hinaus bis zur Gegenseite fortgeführt wird. Das bedingt aber auch eine andere Tragseilanordnung und eine andere Abspannung der Spinne.

Einen Vorschlag für den Eigenbau einer Spinne, bezogen auf das Bw Neustadt (Abb. 78 auf Seite 65), wird in Abb. 133 gemacht. Ein Selbstbau ist zu wagen, da die Spinne nur drei Gleise überspannt. Man muß ausprobieren, ob eventuell noch einige Fahrdrähte zusätzlich eingezogen werden müssen, falls beim unabsichtlichen Weiterdrehen der Drehscheibe die Bügel der Ellok neben dem äußersten Fahrdraht in die Höhe springen.

Abb. 131

Der innere Ring wird aus Draht gebogen, oder es wird eine Scheibe aus dünnem, glasklarem Kunststoff (etwa 1 mm stark) verwendet. Die Fahrdrähte werden in Löcher am Rand der Scheibe eingehängt und hakenförmig umgebogen. Am Drahtring lötet man die Fahrdrähte an.

Abb. 132

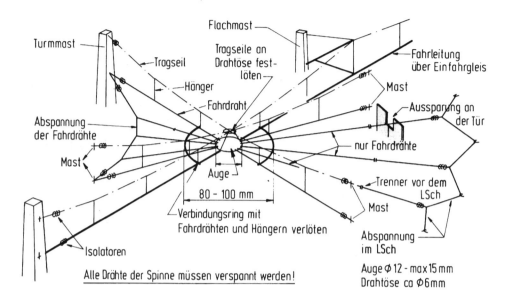

Turmmast

Tragseil

Hänger

Fahrdraht

Abspannung
der Fahrdrähte

Mast

Isolatoren

Flachmast

Tragseile an
Drahtöse fest-
löten

Fahrleitung
über Einfahrgleis

Mast

Aussparung an
der Tür

nur Fahrdrähte

Auge

80 - 100 mm

Verbindungsring mit
Fahrdrähten und Hängern verlöten

Trenner vor dem
LSch

Mast

Abspannung
im LSch

Alle Drähte der Spinne müssen verspannt werden!

Auge ⌀ 12 - max 15 mm
Drahtöse ca ⌀ 6mm

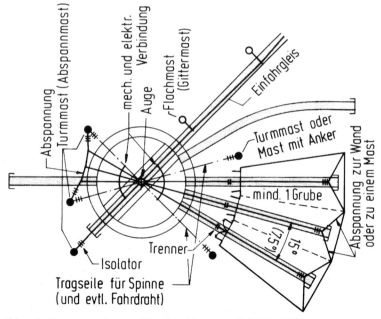

Abspannung
Turmmast (Abspannmast)

mech. und elektr. Verbindung

Auge

Flachmast (Gittermast)

Einfahrgleis

Turmmast oder
Mast mit Anker

mind. 1 Grube

(7,5°)

15°

Abspannung zur Wand
oder zu einem Mast

Trenner

Isolator

Tragseile für Spinne
(und evtl. Fahrdraht)

Abb. 133   **Oberleitungsspinne für Bw Neustadt (Abb. 78)**

Abb. 134

Hänger aus Draht von 0,3 mm Stärke führen von den Tragseilen zu den Fahrdrähten. Weitere Angaben sind der Zeichnung zu entnehmen.

Wie eine selbstgebaute Spinne mit einem Tragseil über jedem Fahrdraht aussieht, zeigt das meisterlich gebaute Modell des Depot Landquart der Rhätischen Bahn in Abb. 134. Wohlgemerkt, die Aufnahme stammt vom Modell und nicht vom Vorbild. Man beachte besonders das stabile Abspanngerüst auf der Seite des Betrachters.

Der Fahrdraht über der Schiebebühne

Erinnern wir uns: Nur die Märklin-Schiebebühne hat ein Oberleitungsportal. Liebhaber einer zierlichen Oberleitung werden einen Fahrdraht von Sommerfeldt oder Vollmer einbauen, was sich mit geringer Mühe machen läßt.

Für die Hohlkörperschiebebühne von Brawa muß ein Portal konstruiert und selbst gebaut

werden. Man könnte dazu eventuell ein abgewandeltes schweizerisches Quertragwerk von Sommerfeldt nehmen.

Das bietet sich auch für die anschließende Gleisseite an. Man hat einen stabilen Stützpunkt für die Fahrleitung, die man mit 1 mm Luft an die Fahrleitung der Schiebebühne heranführt. Eine Fahrdrahtlücke von 1 mm überbrückt jeder Stromabnehmer, auch ohne Doppelschleifstück. Eine Variation dazu zeigt die Abb. 135.

Liegt zwischen Quertragwerk und Halle eine kurze Distanz, sitzen die Trennschalter für die Hallengleise auf dem Quertragwerk. Fahrdrahttrenner erübrigen sich. Ist dagegen eine Loklänge oder mehr Platz, wird der Fahrdraht über jedem Gleis durch normale Fahrdrahttrenner unterbrochen.

Es bleibt nur noch, einige Worte zum Betriebswerk für elektrische Triebwagen zu sagen. Auf der Modellbahn ist diese Bw-Art selten zu finden. Die Gründe sind einleuchtend. Für einen dreiteiligen S-Bahnzug braucht man eine Hallenlänge von ca. 90–100 cm. Die Zufahrt erfolgt

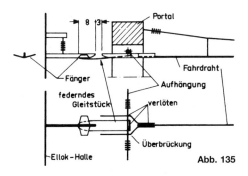

Abb. 135

wegen der Länge der Züge ausschließlich über eine Weichenstraße, was bei drei bis vier Hallengleisen viel Platz kostet. Im Freien sind Reinigungsbühnen vorzusehen, an denen in der verkehrsruhigen Zeit die Triebwagenzüge zur Innenreinigung abgestellt werden. Eine Waschanlage mit rotierenden Bürsten ist ebenfalls im Freien erforderlich. Alle anderen Anlagen sind wie beim Ellok-Bw in der Halle untergebracht.

Da sich die Triebwagen auf Anlagen im ständigen Pendelverkehr befinden, genügen im Bahnhof einige Abstellgleise, an denen Reinigungsbühnen aufgestellt werden können.

Zusammenfassung

1. Jedes Standgleis wird durch einen Fahrdrahttrenner vor der Halle elektrisch vom Zufahrgleis getrennt. Das Signal El 6 ist aufzustellen.

2. Beheimatet ein Bw vorwiegend ältere Elloktypen aus der Reichsbahnzeit, sind wegen den zahlreichen Schmierstellen an den Lokomotivfahrwerken mehr Arbeits- und Untersuchungsgruben vorzusehen. Neubauloks sind wartungsfreundlicher und benötigen weniger Gruben.

3. Im mittleren und großen Bw sollte eine Waschanlage mit rotierenden Bürsten für die Außenreinigung vorhanden sein. Sie kann im Freien oder in der Halle stehen.

4. Modelle von Besandungsgerüsten sind nur mit Einschränkung und nach Änderungen einzusetzen. Bei einer Besandung mit dem Sandkarren werden die Gerüste nicht benötigt.

5. Interessante Lösungen bringen die Schiebebühne und die Drehscheibe, letztere mit einer Oberleitungsspinne. In beiden Fällen ist ein gutes Stück Eigenbau erforderlich, um ein zufriedenstellendes Ergebnis zu erzielen.

=12=
Bw-Spezialitäten

Haben wir bisher Bahnbetriebswerke kennengelernt, wie sie bei den deutschen Bahnen üblich waren oder sind, so wollen wir jetzt den Blick in die Vergangenheit richten und uns auch in benachbarten Ländern umsehen.

Das Länderbahn-Bw der Epoche 1

Das zunehmende Angebot an Länderbahnfahrzeugen in den beiden Baugrößen H0 und N legt den Gedanken nahe, eine Modellbahnanlage der Epoche 1 zu bauen. Fragen wir uns also, welche Größe und welche Einrichtungen ein Bw dieser Zeit haben muß. Für die Lokalbahn ist eine Anlage wie im Schaubild 136 ausreichend. Solche Anlagen haben vielfach bis zur Stillegung der Strecken überdauert. Der Bahnhof weist einen einfachen Gleisplan auf. Der Lokschuppen in Holzbauweise nimmt eine, höchstens zwei kleine Lokalbahnloks auf. Das

Abb. 136

Schüttgerüst ist wegen der hochliegenden Kohleneinfüllöffnung des Glaskastens – wie im Volksmund die Lokgattung PtL 2/2, DRG-Reihe 98.3, hieß – in dieser Weise gebaut. Die Kohlen werden mit einem Galgenkran oder einem Schrägaufzug wie im Bild auf die obere Bühne gefördert und von dort mit der Schaufel verladen. Die Schlacke und die Lösche werden neben dem Gleis gelagert. Eine Arbeitsgrube im Hallengleis ist vorzusehen.

Der Einsatz von Schlepptenderloks erfordert eine Drehscheibe von 16–20 m Durchmesser, die selbst gebaut werden kann. Oder man greift auf die H0-Scheiben von Hapo bzw. Roco zurück. Die Drehscheibe hat durchlaufende Hauptträger mit einer Bauhöhe von 2 m bei einer Grubentiefe von 2,5 m. Drehscheiben dieser Bauart wurden seit 1920 mit dem Ende der Epoche 1 nicht mehr eingebaut. Ihren Platz nahmen Drehscheiben mit 23 m und später mit 26 m Brückenlänge und geteilten Hauptträgern ein.

Im Schuppen sollten nicht mehr als sechs bis neun Standgleise vorhanden sein. Beim Ringschuppen liegt die Drehscheibe in bekannter Weise in der Zufahrt vor dem Schuppen. Beim Rechteckschuppen ist die Drehscheibe seitlich davon einzubauen. Eine Vorstellung davon gibt die Abb. 137.

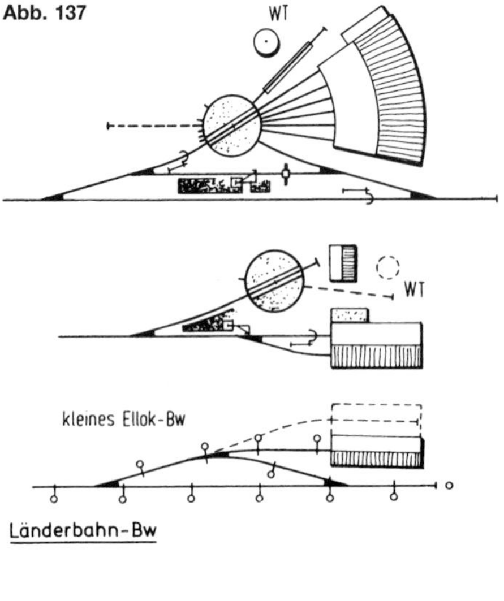

Auf jeden Fall sind alle Anlagen klein. Ein Bekohlungskran am nicht zu großen Kohlenlager, ein bis zwei Länderbahn-Wasserkräne, eine Untersuchungsgrube, eine Ausschlackgrube und eventuell eine kleine Besandungseinrichtung genügen. Die Arbeitsgruben sind, wie bekannt, in der Halle vorzusehen.

Der Lokschuppen und der Wasserturm sind mit Ziegelmauerwerk errichtet. In waldreicher Gegend kann man auch eine Holzverkleidung wählen. Aufwendige Einrichtungen maschineller Art, wie wir sie von der DR- und DB-Zeit her kennen, waren damals nocht nicht vorhanden.

Der Nachbau eines Bw der Epoche 1 wird erleichtert durch das Angebot an Bausätzen, deren Vorbilder aus der Länderbahnzeit stammen oder solchen Gebäuden nachempfunden sind.

Abb. 137

Das Bw der Zahnradbahn

Die normalspurige Zahnradbahn von Rorschach am Bodensee nach dem Luftkurort Heiden (RHB) ist geradezu ideal zum Nachbau im Modell. Die Anzahl der Fahrzeuge ist gering: zwei bis drei Triebwagen und zwei Elloks, dazu einige Personenwagen. Eigene Güterwagen, außer für den Bahndienst, werden nicht benötigt. Die Abb. 138 und 139 geben einen Eindruck vom Gleisplan und vom Bw, dem Depot der Bahn.

Beim Nachbau muß man zwei Kompromisse schließen. Der erste besteht darin, die Zahnstange in Abweichung vom Vorbild vor den Weichen enden zu lassen. In diesem Fall kann man Industriematerial verwenden. Der Nachbau des Originalzustandes erfordert den Weichenselbstbau, der wegen der beweglichen Zahnstangen nicht einfach ist.

Der zweite Kompromiß liegt in der Abweichung von den Fahrzeugen des Vorbildes. Natürlich kann man handelsübliche Fahrzeuge verwen-

Abb. 138

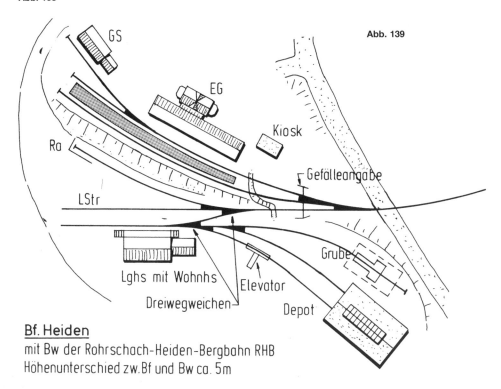

Abb. 139

GS

EG

Kiosk

Ra

Gefälleangabe

LStr

Lghs mit Wohnhs

Elevator

Grube

Dreiwegweichen

Depot

Bf. Heiden

mit Bw der Rohrschach-Heiden-Bergbahn RHB
Höhenunterschied zw. Bf und Bw ca. 5m

Abb. 140

Abb. 141

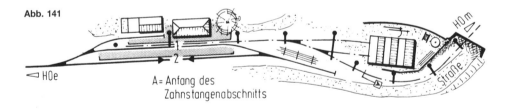

A = Anfang des
Zahnstangenabschnitts

den. Mit etwas Geschick lassen sich aber auch neue Wagenkästen für die Serienfahrgestelle bauen, bzw. man kann unter Verwendung dieser Fahrgestelle neue Triebfahrzeuge selber fertigen.

Den zweigleisigen Schuppen der RHB (hier: Reutte-Hochdorf-Bahn) auf der Clubanlage des MEC Stuttgart zeigt die Abb. 140. Diese Bahn wurde vor etwa 20 Jahren gebaut und ist der mit Drehstrom betriebenen Wendelsteinbahn nach-

empfunden. Die Drehstromleitung kann man an den beiden Fahrdrähten gut erkennen.

Der kleine Bahnhof (Abb. 141) wird gemeinsam von der Zahnradbahn (H0m = 12 mm) und der Schmalspurbahn (H0e = 9 mm) benutzt. In der Ebene ist das Gleis der Zahnradbahn ohne Zahnstange, wie beim gemischten Zahnstangen- und Adhäsionsbetrieb üblich. Der Lokschuppen ist ein abgewandeltes Faller-Modell. Gleise und Fahrzeuge sind Eigenbauten.

Depots der Rhätischen Bahn

Die Zentralwerkstätte der Rhätischen Bahn (RhB) befindet sich in Landquart. Das Depot mit der Werkstätte (kleinere Reparaturen) für die Engadiner Bahnen befindet sich in Samedan und für die Berninabahn in Poschiavo. Größere Reparaturarbeiten und Umbauten werden in Landquart durchgeführt. Für die Chur-Arosa-Bahn ist das Depot in Sand am Stadtrand von Chur zuständig.

Doch fassen wir den Begriff Depot, wie die Schweizer ihre Betriebswerke nennen, einmal recht eng. In diesem Fall ist nur ein Lokschuppen, eine Lok-Remise, vorhanden. Irgendwelche Behandlungsanlagen sind beim elektrischen Betrieb nicht erforderlich.

Eine Drehscheibe aus der Dampflokzeit ist in den meisten Fällen noch vorhanden. Sie wird zum Drehen der Schneeräumfahrzeuge und in Disentis und Landquart als Zufahrt zum Schuppen benötigt. In Abb. 142 ist der Gleisplan des Bahnhofs Disentis festgehalten, Abb. 143 zeigt die beiden Remisen.

Links im Bild steht der Schuppen der Furka-Oberalp-Bahn (FO), rechts der Schuppen der Rhätischen Bahn (RhB). Mit der Drehscheibe von Ferro-Suisse und den Lokschuppen-Bausätzen in Holz von Fides und Ferro-Suisse läßt sich dieser Teil des Bahnhofs genau nachbauen.

Für den Modellbahner ist der Bahnhof sehr interessant, weil er Endpunkt zweier Bahnen mit derselben Spurweite ist. Die Züge beider Verwaltungen enden hier. Nur die beiden Expreßzüge Glacier-Expreß und Rhein-Rhône-Expreß gehen auf das andere Netz über.

Interessant ist der Bahnhof auch deshalb, weil durch das Modell-Angebot verschiedener Hersteller (Bemo, D+R, Ferro-Suisse, Mondial und Panier) der Betriebsablauf in wesentlichen Teilen nachvollzogen werden kann.

Neben den beiden Lok-Remisen ist am anderen Bahnhofsende ein zweigleisiger Wagenschuppen im selben Baustil vorhanden. Da die Näch-te im Gebirge auch im Sommer kühl sind, werden die Triebfahrzeuge über Nacht im Schuppen abgestellt. Im Schuppen der RhB steht außerdem eine Schneeschleuder für den Winterdienst.

Die Situation von Filisur mit einem Schuppen und einem Abstellgleis auf der rechten wie auf der linken Seite zeigt Abb. 144. Würde auf dem Bild nicht die Oberleitung fehlen, müßte man genau hinsehen, um das Diorama nicht mit der Wirklichkeit zu verwechseln.

In Pontresina befindet sich ein Depot für die Berninabahn und eine Remise für die Beilhack-Schneeschleuder. Die Drehscheibe vor der kleinen Halle benötigt man nur zum Drehen der Dampfschneeschleuder, die im Depot abgestellt ist. In der dreigleisigen Halle sind neben den Triebwagen die beiden Zweikraftlokomotiven stationiert.

Für den Nachbau im Modell ist auch dieser Bahnhof gut geeignet. In ihm treffen ebenfalls zwei Strecken aufeinander: die mit Gleichstrom von 1000 Volt betriebene Berninabahn von St. Moritz nach Tirano in Italien und die mit 11000 Volt Wechselstrom betriebene kurze Strecke nach Samedan. Auf ihr verkehren der Pendelzug Samedan–Pontresina–Samedan und Züge mit Kurswagen nach Chur sowie der Bernina-Expreß Chur–Tirano.

Fahrtechnisch interessant ist dieser Bahnhof, weil das Gleis 3 auf Wechselstrom 11 kV oder Gleichstrom umschaltbar ist, was früher nicht der Fall war. Es sind deshalb für die Züge nur bestimmte Fahrstraßen einstellbar. Mit Dieseltraktoren wird freizügig im ganzen Bahnhof rangiert.

Die Abb. 145 zeigt den Gleisplan des Bahnhofs Pontresina. Das umschaltbare Gleis ist gestrichelt dargestellt. Abb. 146 gibt einen Eindruck vom Depot wieder.

Zum Schluß wollen wir noch einen Blick in das Depot Sand der Chur-Arosa-Bahn werfen. Auf dem Gleisplan der Abb. 147 erkennt man das recht großzügig bemessene Vorfeld, das genügend Abstellmöglichkeiten bietet.

Das vordere Gleis ist das Streckengleis. Bei Zugkreuzungen fährt der Zug nach Chur in das hintere Gleis ein, während der Zug nach Arosa das vordere Gleis benutzt. Die Einfahrten sind über Federweichen festgelegt.

Beim Depot Sand stellen wir zwei Baustufen fest (Abb. 148): links die ursprüngliche Halle und rechts, in der Abbildung nur teilweise zu erkennen, der Erweiterungsbau. Die ältere Halle hatte

früher Rundbogentore. Heute sind alle Hallentore rechteckig und modern gestaltet.

Auf elegante Weise bietet sich hier die Möglichkeit, das Depot auf die halbe Größe zu reduzieren. Doch das ist nicht der Grund, warum wir dieses Depot betrachten.

Wir wollen an diesem Beispiel klären, welche Aufgaben den verschiedenen Gleisen zugeteilt

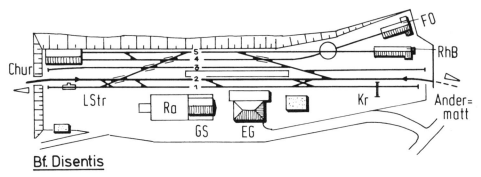

Abb. 142

Abb. 143

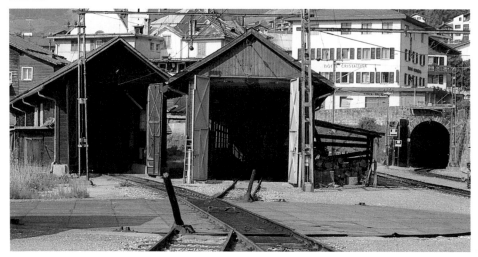

Abb. 144

wurden. Die Gleise 1 und 2 besitzen Putzgruben (Arbeitsgruben) und dienen der Fahrzeugunterhaltung. Gleis 3 ist Abstellgleis. Auf ihm ist die „Notvorrichtung" abgestellt, mit der bei defektem Drehgestell der Wagenkasten provisorisch abgestützt wird zum Abschleppen des Fahrzeugs in das Depot. Verständlich ist, daß neben Gleis 3 auch die Hebevorrichtungen zum Anheben des Wagenkastens stehen.

Gleis 4 ist Abstellgleis für Schneeschleuder und Fahrleitungswagen. In Gleis 5 werden Arbeiten am Wagenkasten durchgeführt, und in Gleis 6 werden die Außenreinigung der Fahrzeuge und die Arbeiten an den Stromabnehmern vorgenommen.

Ein Kran mit einer Tragkraft von 7,5 t ist über den Gleisen 1 bis 3 in der alten Halle eingebaut. Er wird zum Ausbau der Motoren benötigt.

Für den Fahrbetrieb im Modell darf ein Hinweis nicht fehlen, der vom Vorbild her gegeben werden muß. Die sechs Triebwagen stehen über Nacht in der Halle, zwei in Arosa und vier im Depot Sand. Der Grund dafür liegt in der Nässe, die auch im Sommer durch die starke Abkühlung bei Nacht auftritt. Die Personenwagen dagegen stehen im Freien, wie auch die Hilfswagen und

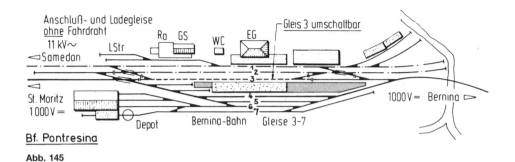

Anschluß- und Ladegleise
ohne Fahrdraht
11 kV~
Samedan
LStr
Ra GS
WC
EG
Gleis 3 umschaltbar
1 2
3
St. Moritz
1000 V =
4 5
6 7
1000 V = Bernina
Depot
Bernina-Bahn Gleise 3-7

Bf. Pontresina

Abb. 145

Abb. 146

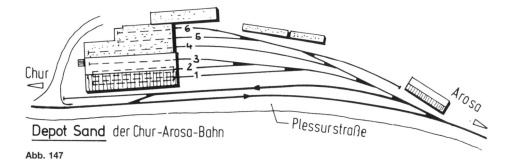

Abb. 147

Abb. 148

die beiden alten Bernina-Triebwagen, die zur Verstärkung und für den Bahndienst eingesetzt werden.

Im Modell könnte man auf den Gleisen 1 und 4 vor den Hallen einige Personenwagen abstellen, da diese Gleise eine genügend große Nutzlänge aufweisen. In Abweichung vom Vorbild bietet sich auch die folgende Variante an:

Eine Halle über vier Gleise für die Triebwagen und zwei Abstellgleise für die Personenwagen.

Ob man die Gleise 1 und 2 oder die Gleise 5 und 6 nimmt, hängt von der Anzahl der Personenwagen und der sich daraus ergebenden Nutzlängen der Gleise ab. Beim Vorbild werden die Personenwagen nicht im Depot, sondern im Bahnhof Chur abgestellt.

Abb. 149

Das Straßenbahn-Depot

Das Nahverkehrsmittel Straßenbahn findet immer häufiger auf Modellbahnanlagen Platz. Durch Kleinserienangebote der Firmen Fröwis, Hamann, Hartel, Herrmann & Partner sowie Spieth wird dieser Trend unterstützt. Auch wir wollen uns davor nicht verschließen und nehmen dieses Thema in die Neuauflage auf.

Natürlich braucht auch der Straßenbahn-Triebwagen oder -Triebzug einen Anlaufpunkt, wo er – wie die Lok im Bw – während der Betriebsruhe oder zur Wartung abgestellt werden kann. Straßenbahn-Depot oder Betriebshof wird dieser Ort genannt.

Hier werden die Fahrzeuge – manchmal auch gemeinsam mit Omnibussen – für den nächsten Verkehrseinsatz fit gemacht, sprich instandgehalten und gereinigt. Das Einfahrgleis zur Fahrzeughalle verzweigt sich in einer Weichenstraße, deren Schienen im Straßen- bzw. Vorplatz-Planum eingelassen sind.

Für Wartung und Pflege der Trieb-, Bei- und Steuerwagen besitzt die Fahrzeughalle, die meist auf rechteckiger Grundfläche aufgebaut ist, Einrichtungen, die neben den turnusmäßigen technischen Durchsichten auch kleinere Reparaturen ermöglichen: Arbeits- und Untersuchungsgruben, Werkbänke sowie Werkzeug- und Ersatzteil-Magazin. Die Stand-Zahl der Wagenhalle hängt von der Anzahl der zu betreuenden Fahrzeuge ab.

In Naumburg an der Saale zum Beispiel, wo LOWA- und Gotha-Triebwagen auf einer nur 4,6 km langen Ringstrecke das Stadtzentrum umkreisen, ist ein dreiständiger Schuppen (Abb. 149) völlig ausreichend. Der Betriebshof der Naumburger Straßenbahn – die im August 1991 wegen Straßenbaumaßnahmen vorübergehend stillgelegt wurde, im September 1992 von den Streckengleisen isoliert ihr 100jähriges Jubiläum feierte und seitdem nicht wieder in Betrieb genommen wurde – befindet sich mitten in der Innenstadt. Das ist für Tram-Depots durchaus üblich, denn bei Ausfall eines Fahrzeuges muß der Ersatzwagen schnell zur Stelle sein.

Abb. 150

Eine ähnliche Betriebssituation im Maßstab 1:87 zeigt Abb. 150. Das Tram-Depot auf der entsprechend der Epoche 3 gestalteten Anlage Männel liegt ebenfalls in Stadtmitte. Den Betriebshof verläßt ein Arbeitszug zur Streckenunterhaltung. Im zweiständigen Schuppen wartet ein Triebwagen auf seinen nächsten Einsatz.

Ein großes Depot für die Baugröße H0 liefert seit 1992 die Firma Pola. Den Modulbausatz kann man in Länge und Breite variabel aufbauen, je nachdem, ob man viele kurze oder wenige lange Triebzüge unterstellen möchte.

Für die achtachsigen Roco-Gelenkzüge der Kölner Verkehrsbetriebe zum Beispiel muß die Halle wie in Abb. 151 montiert werden. Als Ergänzung zu einer normalspurigen Bahnanlage oder als separates Anlagenthema ist solch ein Motiv ein sicherer Blickfang.

Abb. 151

Abb. 152

ICE-Bw Hamburg-Eidelstedt

Seit dem erstmaligen Erscheinen dieses Bandes im Jahr 1984 hat sich das Bild der deutschen Bahnen grundlegend geändert. Der moderne Reiseschnellverkehr trat auf den Plan und mit ihm die neue Epoche 5 im Modellbahndenken. Eingeleitet wurde sie mit dem InterCityExpress, der das Reisen auf Deutschlands Nord-Süd-Achse schneller machte und auch schon Berlin und das Ausland erreichte.

Märklin und Fleischmann haben den ICE in H0 und N für den Modellbahner konstruiert. Inzwischen laufen die vielgliedrigen Triebzüge auf so mancher Heim- oder Clubanlage. Somit kommt man auch um den Vorschlag eines ICE-Bahnbetriebswerkes nicht herum. Schauen wir uns zuerst das Vorbild an.

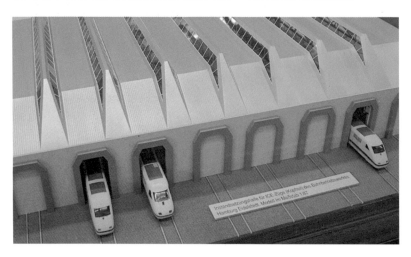

Abb. 153

Im Bw Hamburg-Eidelstedt wird jede ICE-Garnitur täglich nach zurückgelegten rund 2000 km gewartet, entsorgt und gereinigt. Das geschieht in einer gewaltigen Halle von 430 m Länge, 59 m Breite und 9,5 m Höhe (Abb. 152). An den Enden, wo die beiden Triebköpfe stehen, ist die Halle 65 m breit und 14 m hoch, da über den Köpfen ein Kran entlangführt, der beschädigte Aggregateteile auswechseln kann. Acht Stände hat die Halle. Die Gleise im Innern sind „aufgestelzt". In den Arbeitsgruben fahren höhenverstellbare Arbeitshubwagen; weitere Arbeitsbühnen befinden sich 1,2 m und 3,8 m über Schienenoberkante. Der ICE fährt vorn in die Halle ein, wird ca. eine Stunde gecheckt und fährt hinten hinaus.

Für die Umsetzung ins Modell kommt aufgrund der Längenausdehnung eher ein Diorama in Frage, wie es in Abb. 153 zu sehen ist. Wer dieses zweifellos interessante Motiv partout auf einer Modellbahnanlage unterbringen möchte, kann sich mit einem Trick behelfen: Gestaltet wird lediglich ein Teil der Bw-Anlage, d. h. die Einfahrgleisgruppe sowie ein Drittel der Halle. Den Abschluß der Halle bildet ein vertikal aufgestellter Spiegel, der das Bw-Gelände optisch verlängert. Die Gleise in der Halle können im Bogen unter das Anlagen-0-Niveau geführt werden und in einen Schattenbahnhof münden.

Zusammenfassung

1. **Das Länderbahn-Bw ist relativ klein und verfügt nur über einfache Behandlungsanlagen. Der Baustil der Gebäude muß diese Epoche glaubhaft machen.**

2. **Beim Bw der Zahnradbahn genügen eine Halle mit zwei bis drei Gleisen und einige Abstellgleise. Der Zahnstangenabschnitt sollte erst im Streckengleis beginnen.**

3. **Einige Bahnhöfe der RhB haben Lok-Depots, die sich zum Nachbau eignen. Stellen sie gar einen Anschlußbahnhof dar oder treffen verschiedene Stromsysteme zusammen, ist durch den Lokwechsel ein interessanter Betrieb gesichert.**

4. **Ausdehnung und bauliche Ausführung eines Straßenbahn-Depots richten sich nach Art und Größe der eingesetzten Tram-Modelle. Plaziert werden sollte das Depot am Rande eines Stadtzentrums.**

5. **Das ICE-Bw kann nur als betriebsfähiges Diorama oder auf einer Großanlage nachgebaut werden. Da sich die Behandlungsanlagen in der Halle befinden, kann auf deren Nachbildung verzichtet werden.**

13
Die großen Spurweiten

Eine Sonderstellung nehmen bei der Modellbahn die großen Spurweiten ein. Auf privaten Anlagen ist das kleine Bw vorherrschend, da der Platzbedarf für ein mittleres Bw erheblich ist und die meisten Bauten und Anlagen im Eigenbau gefertigt werden müssen.

Die großen Spurweiten reichen von der Baugröße 0 (Roco, Rivarossi und Kleinserien) bis zur LGB, der Schmalspurbahn in der Baugröße IIm. Die Baugröße I wird von Märklin und einigen Kleinserienherstellern vertreten, die nächstgrößere Bahn mit der Baugröße II von Magnus.

Einen Überblick über die Baugrößen und Maßstäbe gibt die folgende Tabelle:

Baugröße	Maßstab
II, IIm (G)	1:22,5
I	1:32
0, 0e	1:45 bzw. 1:43,5
S	1:64
H0, H0m, H0e	1:87
TT	1:120
N	1:160
Z	1:220

Das durch die spärliche Nachfrage bedingte kleine Angebot an Bw-Zubehör, beispielsweise für die Baugröße 0, zwingt verstärkt zum Selbstbau. Dazu können alle Anregungen der vorangegangenen Kapitel aufgegriffen werden. Der Bau von Gebäuden und Anlagen dürfte für viele Modellbahner wegen des gegenüber H0 doppelt so großen Maßstabes leichter sein. Was in H0 zwangsläufig überdimensioniert war, wird jetzt zierlicher und kann mit den maßstäblich richtigen Abmessungen gebaut werden. Auch muß man hier stärker ins Detail gehen, um ein gutes

Ergebnis zu erzielen. Für spezielle Bw-Einrichtungen kann auf Zubehörmodelle aus Kleinserien zurückgegriffen werden.

Abb. 154 zeigt ein kleines Bw für die Baugröße I mit der Märklin-Lok der Baureihe 78. Die Gesamtlänge des Dioramas dürfte bei etwa 2 m liegen, wenn man weiß, daß die Länge des Lokschuppens 62 cm beträgt. Daraus ist ersichtlich, daß auch bei viel Platz nur ein kleines Bw gebaut werden kann. Stellt man zwei Lokschuppen nebeneinander auf und verlängert das Kohlenlager um das Doppelte, dann kann man bereits vier Lokomotiven unterstellen. Die Bekohlungsanlage reicht für noch mehr Dampfloks aus. Eine Besandungsanlage muß nicht unbedingt vorhanden sein. Wer das wünscht, kann das Portal mit dem Sandbehälter aus dem Kibri-H0-Bausatz zum Vorbild für den Eigenbau nehmen. Alle H0-Maße sind mit dem Faktor 2,7 zu multiplizieren.

Für die Schlepptenderloks wäre eine Drehscheibe erforderlich, die man seitlich vom Schuppen einbaut. Die Brückenlänge einer 20-m-Drehscheibe beträgt in Baugröße I allerdings 625 mm. Eine Scheibe dieser Art – auch für Baugröße 0 – führt Besig im Programm (Abb. 155).

Der Wasserturm von Crailsheim ist sehr schön, für ein Bw dieser Größe aber viel zu wuchtig. Man sollte prüfen, ob der Wasserturm Schiltach (Pola für die LGB) dazu paßt, eventuell nach einigen Umbauarbeiten.

Für die Betankung der Dieselloks steht die Tankstelle mit dem Tanklager aus der Abb. 124 zur

Abb. 154

Verfügung. Sofern nur ein bis zwei Dieselmaschinen stationiert sind, sollte man die Anlage
halbieren. Es genügen je ein Lagertank und zwei
Zapfsäulen.

Für die Baugröße IIm ist die Auswahl an Zubehör
für Bahnhof und Bw verhältnismäßig groß. Es
werden verschiedene Lokschuppen angeboten,
ein- und zweiständige Rechteckschuppen und
Ringlokschuppen. Ein hölzerner Lokschuppen
für die Rhätische Bahn nach Abb. 144 ist ebenfalls dabei. Kleinbekohlung, Wasserturm und
Wasserkran sind auch vorhanden. Falls ge-
wünscht, muß ein Besandungsgerüst gebaut
werden. Man darf aber eine Besandung von
Hand vorsehen, wie dies bei den Bahnen des
Vorbildes allgemein üblich war.

Eine Drehscheibe zur Verteilung der Loks auf die
Stände eines Ringlokschuppens ist im LGB-
Sortiment enthalten. Durch Aneinanderreihen
mehrerer Bausätze lassen sich Schuppen mit
sechs Hallengleisen bauen. Zusätzliche Aufstellgleise im Freien kommen noch dazu. Dies
ergibt bereits ein stattliches Betriebswerk, in

Abb. 155

dem neben Dampfloks auch Dieselloks und
Bahndienstfahrzeuge stationiert sind. Planungs-
beispiele dafür sind weiter vorne im Buch zu finden.

Eine Lösung besonderer Art besteht in der Aufstellung von eingleisigen Lokschuppen um die
Drehscheibe. Es genügen drei bis vier hölzerne

Abb. 156

Rechteckschuppen, wie es aus der Frühphase des Bw Aulendorf bekannt ist. Überdacht man die Flächen zwischen den Schuppen, entsteht eine zusammenhängende Halle. In den Bereichen zwischen den Lokständen ist dann genügend Platz für Werkstätten und kleine Lager.

Sofern man keine stern- oder strahlenförmige Anordnung der Schuppen wünscht, werden die Lokschuppen parallel mit bündiger Vorderfront oder versetzt aufgestellt.

Beim Einsatz von Elloks und Straßenbahnen sollte man sich nach den Grundsätzen für den Bau eines Ellok-Bw richten. Hier werden vernünftigerweise nur ein- oder zweigleisige Rechteckschuppen eingesetzt, ähnlich, wie sie in Abb. 156 als Unterstand für Dampfloks dient. Die Zufahrt zu den Schuppenständen erfolgt über eine Weichenstraße, die durch den steilen Weichenwinkel relativ kurz wird.

Zusammenfassung

1. **Das Bw der großen Spurweiten ist in der Regel ein kleines Bw. Die Anlagen müssen dazu passen.**

2. **Bei der Verwendung einer Drehscheibe sollte man sich mit vier bis sechs Hallengleisen zufriedengeben. Der Schuppen ist ein Ringlokschuppen, oder es werden einzelne Rechteckschuppen sternförmig oder parallel aufgestellt.**

3. **Für elektrische Triebfahrzeuge werden nur Rechteckschuppen verwendet, die über eine Weichenstraße angeschlossen sind.**

4. **Für die Planung des Betriebswerkes gelten dieselben Regeln wie für H0 und N. Die Gleispläne lassen sich teilweise direkt verwenden.**

14
Gleispläne

Die Gleispläne auf den folgenden Seiten entstanden nach Aufzeichnungen von Vorbildsituationen. Sie beziehen sich ausschließlich auf das kleine Bw, das auch auf der Modellbahn am häufigsten vorkommt. Daneben sind im Text weitere Gleispläne eingestreut. Wenn diese Pläne den Modellbahner zur Planung seines eigenen Bw anregen, ist ihre Aufgabe erfüllt.

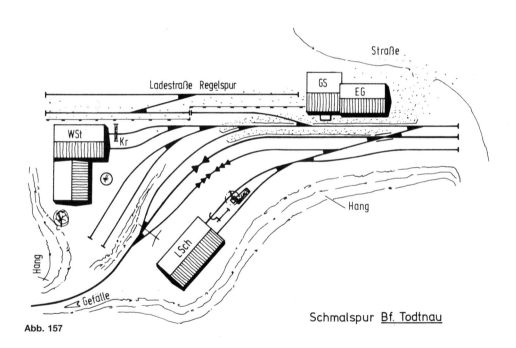

Abb. 157

Schmalspur Bf. Todtnau

Gut geeignet ist dieser Endbahnhof auch für eine normalspurige Nebenbahn. In diesem Falle wird die Umsetzanlage für die auf schmalspurigen Rollwagen verladenen Normalspur-Güterwagen nicht benötigt. Das Gleis kann durchgehend verlegt werden. In Baugröße N ist das Werkstattgebäude als Bausatz von Pola vorhanden.

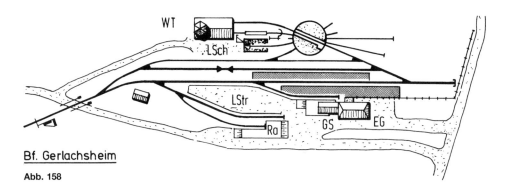

Bf. Gerlachsheim

Abb. 158

Der vorliegende Gleisplan geht auf das Jahr 1934 zurück und zeigt einen Bahnhof im Mittelgebirge. Für den damals starken Güterverkehr wurden vermutlich Schlepptenderloks eingesetzt, für die eine Drehscheibe erforderlich war.

Der Gleisplan aus dem Jahr 1930 zeigt einen Trennungsbahnhof an zwei eingleisigen Strecken im Thüringer Wald. Die Gleisführung weist die typischen Merkmale der damaligen Zeit auf: Dreiwegweichen und doppelte Gleisverbindung in den Einfahrstraßen. Beim Nachbau für die DB-Zeit sollte man diese Punkte in einzelne Weichenverbindungen auflösen. Das Bw hat für einen Bahnhof dieser Größe ein erhebliches Ausmaß. Das ist nur verständlich, wenn man annimmt, daß der Bahnhof Ausgangspunkt für eine der beiden Strecken war bzw. Frühzüge nach allen drei Richtungen abfuhren.

Abb. 159

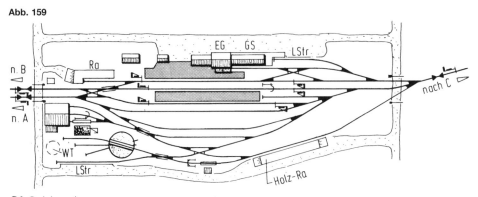

Bf. Schleusingen

Abb. 160

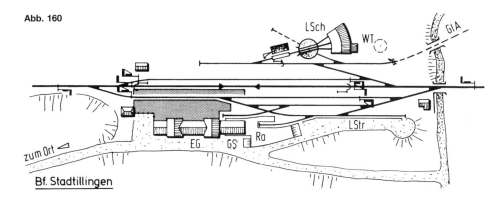

Der Bahnhof liegt im Thüringer Wald außerhalb der zugehörigen Ortschaft in einem engen Tal. Im Bw waren Schiebeloks beheimatet, da die Bahnstrecke starke Steigungen aufweist. Besonders in den ersten Jahrzehnten nach der Streckeneröffnung im Jahre 1895 war ein Schiebedienst, besonders bei Güterzügen, erforder-

lich. Der Gleisplan dürfte ziemlich unverändert aus dieser Zeit übernommen sein.

Die Pläne der Abbildungen 159 bis 161 eignen sich als Vorbilder für ein Bw der Länderbahn, der Reichsbahn oder der frühen Bundesbahn der Epoche 3.

Abb. 161

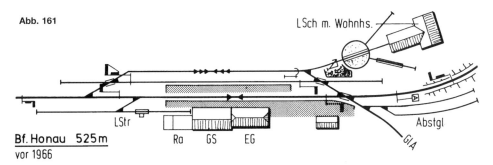

Honau (Abb. 161) war der Talbahnhof und Lichtenstein (Abb. 162) der Bergbahnhof am Zahnstangenabschnitt der Nebenstrecke von Reutlingen über Münsingen ins Donautal nach Schelklingen. Auf ihr waren die württembergischen Zahnradloks der Gattungen Fz und Hz (Reihe 97.5) und später der Zahnrad-Schienenbus VT 97 im Einsatz.

Bis zu den Bahnhöfen Honau und Lichtenstein können auf der Modellbahn alle gängigen Tenderloks und Schlepptendermaschinen ein-

gesetzt werden, sofern sie für eine Nebenbahn geeignet sind. Über die Steilstrecke übernehmen die Zahnradloks den Zug, wobei ein langer Zug geteilt werden muß. Eine andere Möglichkeit ist, die Zuglok am Zug zu lassen und die Zahnradlok auf der Talseite beizustellen.

Man sollte beachten, daß im Gegensatz zu manchen Schweizer Zahnradbahnen die Lok aus Sicherheitsgründen immer auf der Talseite am Zug war.

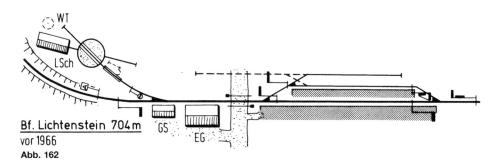

Bf. Lichtenstein 704 m
vor 1966
Abb. 162

Vor jedem Schuppen war eine 16-m-Drehschei- be eingebaut. Eine Bekohlungsanlage war nur im Talbahnhof, Ausschlackgruben waren dage- gen in beiden Bahnhöfen vorhanden. Für den Betrieb benötigt man zwei Zahnradloks und ein bis zwei Triebwagen.

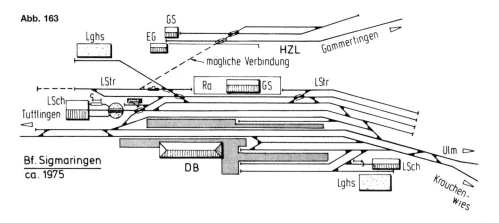

Abb. 163

Bf. Sigmaringen
ca. 1975

Als zentraler Bahnhof einer Modellbahnanlage eignet sich der Bahnhof Sigmaringen gut. Hier treffen zwei DB-Strecken mit der Hohenzolleri- schen Landesbahn (HZL) zusammen. Eine Gleis- verbindung zwischen den Gleisen der beiden Ver- waltungen besteht nicht, könnte aber im Modell vorgesehen werden (gestrichelte Verbindung).

Der dreiständige Lokschuppen an der Dreh- scheibe erlaubt auch das Abstellen von Schlepptendermaschinen der Hauptbahn (Bau- reihen 38, 50, 55, 57). Eine kleine Bekohlungs- anlage ist in Abweichung vom Originalgleisplan am Stumpfgleis vorgesehen.

Die nach Krauchenwies abzweigende Neben- bahn hat einen eigenen einständigen Lokschup- pen zum Unterstellen der Maschine über Nacht. Neben einer Arbeitsgrube im Schuppen ist nur noch ein Wasserkran vorhanden.

Das Betriebswerk der HZL befindet sich in Gam- mertingen, deshalb fehlen im Bahnhof Sigma- ringen Landesbahn Lokschuppen und Behand- lungsanlagen. Im Modell könnte man diese Bahn auch als Schmalspurbahn mit den entsprechen- den Übergabestellen und eventuell einer kleinen Bw-Einsatzstelle betreiben.

In „La Voulte sur Rhône" wird die Hauptbahn links der Rhône mit der Strecke auf der anderen Flußseite verknüpft. Das ist besonders wichtig bei Störungen auf der linksrhônischen Strecke. Das Verbindungsgleis durch den Berg ist inzwischen durch eine offen liegende Verbindungskurve ersetzt worden. Für unsere Zwecke ist der aufgelassene Schmalspurbahnhof interessant.

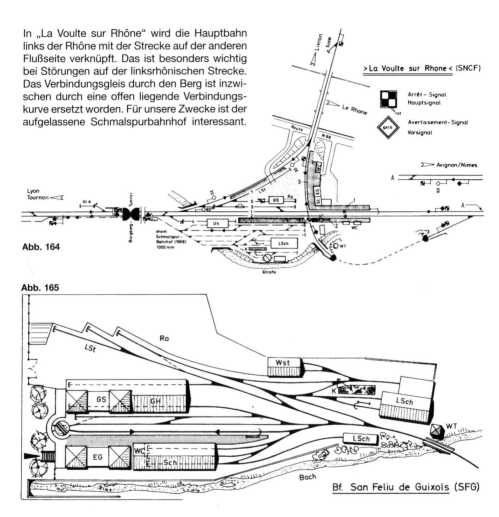

Abb. 164

Abb. 165

Bf. San Feliu de Guixols (SFG)

Der Bahnhof und die Betriebsanlagen, an der Costa Brava gelegen, bestehen nicht mehr. Die Fahrzeuge dieser Schmalspurbahn waren von bescheidener Größe gegenüber den hiesigen Schmalspurbahnen. Gerade deshalb fällt die Größe der Anlagen auf, was auf einen umfangreichen Güterverkehr (u. a. mit Korkrinde) schließen läßt. Die Stichbahn zum Hafen zweigte vor dem Bahnhof ab. Als Vorschlag für den Endbahnhof einer schmal- oder normalspurigen Nebenbahn mit den Werkstätten und dem Sitz der Verwaltung läßt sich der Bahnhof gut brauchen. Die langen Verladerampen werden zum Verladen von Stammholz oder Vieh benötigt.

Die Gleispläne der Abb. 164 und 165 wurden im Jahre 1973 aufgezeichnet.

15
Beispielhaft

Abschließend werden einige Beispiele gutgestalteter Bw-Anlagen in mehreren Baugrößen vorgestellt. Daß dabei die Baugröße H0 dominiert, ist wohl verständlich. Diese Anlagen sind teils Bestandteil einer Modellbahn-Anlage oder sollen es werden, teils sind sie als Bw-Diorama oder als selbständiges Anlagenthema konzipiert.

Abb. 166

Mit einem Blick sieht man alle wesentlichen Bauten und Anlagen im Bw Wackental-Ost (H0-Anlage K. W. Möntenich, Hattenhofen), das irgendwo in der Eifel liegt. Der Gleisplan hierzu ist auf der Seite 75 als Abbildung 89 zu finden.

Abb. 167

Ein Betriebswerk dieses Ausmaßes läßt sich nur auf Ausstellungs-Anlagen, wie hier auf der N-Messeanlage der Firma Fleischmann, oder auf Clubanlagen bauen. Trotzdem soll dieses Bild nicht fehlen. Ein Bw dieser Größe war nur in der Nähe bedeutender Eisenbahn-Knotenpunkte oder großer Verschiebebahnhöfe zu finden.

Auf den ersten Blick fällt nicht auf, daß die Ausschlackanlagen fehlen, so gut ist das Motiv gearbeitet. Die Untersuchungsgruben vor den beiden Bekohlungsanlagen sind aber vorhanden. Wo die Ausschlackanlagen einzuordnen sind und welche Ausführungsart dazu paßt, kann der Leser jetzt am Ende des Buches selber entscheiden. Einen Rat kann man sich ab Seite 33 holen.

Trotz des kleinen Fehlers ist das Bw mit der Doppel-Drehscheibe und den beiden riesigen Lokschuppen gekonnt gestaltet und strahlt Eisenbahnatmosphäre aus. Man sollte deshalb nicht zu kritisch sein.

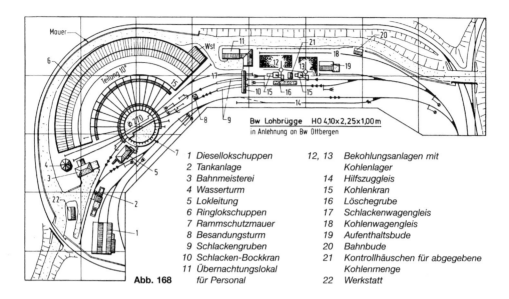

Bw Lohbrügge   H0 4,10 × 2,25 × 1,00 m
in Anlehnung an Bw Ottbergen

Abb. 168

1	Diesellokschuppen	12, 13	Bekohlungsanlagen mit Kohlenlager
2	Tankanlage	14	Hilfszuggleis
3	Bahnmeisterei	15	Kohlenkran
4	Wasserturm	16	Löschegrube
5	Lokleitung	17	Schlackenwagengleis
6	Ringlokschuppen	18	Kohlenwagengleis
7	Rammschutzmauer	19	Aufenthaltsbude
8	Besandungsturm	20	Bahnbude
9	Schlackengruben	21	Kontrollhäuschen für abgegebene Kohlenmenge
10	Schlacken-Bockkran	22	Werkstatt
11	Übernachtungslokal für Personal		

Abb. 169

Das Bw Lohbrügge (H0-Anlage J. P. Schmalmack, Hamburg) entstand in Anlehnung an das Bw Ottbergen, jedoch in spiegelbildlicher Ausführung. Die meisten Anlagen und Gebäude sind im Eigenbau unter Verwendung von Bausätzen und Selbstbau-Material entstanden. Das Bw ist in der Epoche 3 angelegt. Die dargestellte Zeit liegt in den 50er Jahren.

Die Drehscheibe mit einer Brückenlänge von 270 mm und durchgehenden Hauptträgern ist ein Selbstbaumodell. Die Grube wurde vom Drechsler aus einer vierzigschichtigen Sperrholzplatte, wie sie im Formenbau verwendet wird, gedreht.

Der Lokschuppen mit 15 Ständen bei einer Teilung von 10° entstand unter Verwendung eines Vollmer-Ringlokschuppens. Alle Standgleise haben eine Arbeitsgrube. Die Gleise 14 und 15 sind Reparaturgleise mit hinten angebauter Werkstatt. Das an der Drehscheibe vorbeiführende Gleis ist durch eine Rammschutzmauer gesichert.

Der Wasserturm ist ein Eigenbau-Modell mit einer Höhe von 270 mm, da die zu Baubeginn 1974 angebotenen Wassertürme eine zu geringe Höhe aufwiesen (siehe auch S. 55).

Der Schlackenbockkran wurde aus zwei Bausätzen des Kibri-Überladekrans gefertigt. Die Mittelstütze war in dieser Form zu bauen wegen des über drei Gleise durchlaufenden Schlackenkrans.

Das Kohlenlager entstand in ähnlicher Weise, wie es ab Seite 29 beschrieben ist.

Abb. 170

Abb. 171

Abb. 172

Die Fotos zeigen ein Bahnbetriebswerk (H0-Anlage R. Staehler, Gettorf) für zwei Traktionsarten: Dampf- und Elektroloks. Das Dampflok-Bw hat eine Ausdehnung von 1,9 m x 0,8 m und ist Bestandteil einer Modellbahn-Anlage. Neben dem Dampflok-Bw ist eine moderne Ellokhalle aufgestellt. Eine Drehscheibe ist nicht vorhanden. Alle Triebfahrzeuge gelangen über eine Weichenstraße zu den Behandlungsanlagen und Schuppenständen.

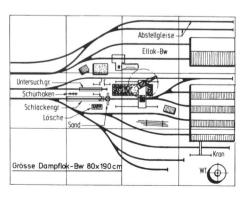

Abb. 173

Abb. 174

Das hier vorgestellte Bw ähnelt im Gleisplan dem auf der linken Seite abgebildeten. Zudem erübrigt die Aufnahme aus der Vogelperspektive eine zeichnerische Darstellung. Das Bw befindet sich zwischen Bahnhof und Güterumschlagplatz (H0-Anlage J. Albrecht, Oschatz) und ist mit diesen Bahnanlagen über ein Gleisdreieck verbun-

den. Somit können Schlepptenderloks auch ohne Drehscheibe wenden.

Die Zuführung der Kohle über das Hochladegleis und der Asche-/Schlackenplatz in der Mitte des Bw haben einen praktischen Aspekt. Unter diesen Erhebungen liegen die Weichenantriebe.

Abb. 175

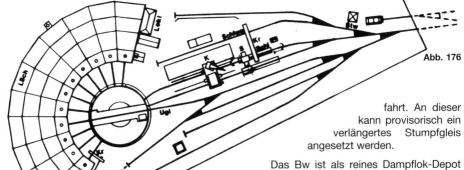

Abb. 176

Modellbahn-Heimanlagen wachsen langsam. Jeder fertig werdende Anlagenteil ist ein Erfolgserlebnis. Das auf diesen Seiten vorgestellte Bw (H0-Anlage S. Windelschmidt, Mülheim) ist solch ein Anlagenteil – der erste einer geplanten Großanlage in U-Form.

Plaziert wurden Rundschuppen, Drehscheibe und Behandlungsanlagen in einer Zimmerecke. Später wird vor dem Bw die zweigleisige Hauptstrecke zum Bahnhof vorbeiführen. Die Gleisanlagen, wie sie sich auf der Zeichnung darstellen, gestatten bereits auf diesem Diorama einen Fahrbetrieb der Lokomotiven zwischen Schuppengleisen, Behandlungsanlagen und Bw-Aus-

fahrt. An dieser kann provisorisch ein verlängertes Stumpfgleis angesetzt werden.

Das Bw ist als reines Dampflok-Depot konzipiert und weist daher alle notwendigen Anlagen zur Dampflokunterhaltung auf, die Sie nun nach ausgiebiger Lektüre unseres Bandes kennen werden. Im elfständigen Rundschuppen finden die Fahrzeuge bei Betriebspausen Ruhe. Außerdem können dort kleinere Reparaturen und Ausbesserungen vorgenommen werden. Darauf weist vor allem der Bockkran vor Stand 1 hin. Unter dem Dach befindet sich an dieser Stelle eine Achssenke zum Radsatztausch.

Auffallend ist das hinter dem Kohlenbansen liegende Versorgungsgleis. Hierher werden die Kohlen- und Sandwagen zur Ergänzung der Vorräte im Bansen und im Sandlager rangiert, aber auch der Schlackenwagen. Der vom Versorgungsgleis abzweigende Strang dient dem Personalzug als Haltepunkt. Deshalb ist hier ein kurzer Bahnsteig vorhanden.

Abb. 177   **Abb. 178**

Abb. 179

Abb. 180

Abb. 181

Ein Diorama hat den Vorteil, daß man ein Motiv mit Akribie gestalten kann, weil die zu bebauende Fläche klein und übersichtlich ist. Solch ein Schaubild zum Thema Bahnbetriebswerk der Epoche 1 nach bayerischem Vorbild zeigen diese Abbildungen (H0/H0$_m$-Anlage H. Hirblinger, München).

Zwei kleine Lokschuppen können über eine Drehscheibe erreicht werden. Die Remise mit je einem offenen und geschlossenen Stand hat es einmal in Berchtesgaden gegeben. Der Nachbau ist aber nicht strikt nach Vorbild entstanden, sondern räumte auch der Phantasie einen gewissen Spielraum ein. Die Hand-Drehscheibe ist abgedeckt und bietet die Möglichkeit, H0- und H0$_m$-Fahrzeuge zu drehen.

Abb. 182

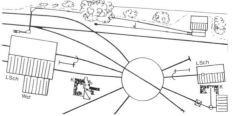

Abb. 183

Die Abmessungen dieses Dioramas einer kleinen Lokalbahn-Lokstation betragen nur 80 cm x 30 cm. Die wenigsten Teile wurden gekauft. Ziel war es, das Bw (H0-Anlage B. Rieche, Garbsen) individuell zu gestalten, also viele Elemente selbst herzustellen.

Der Lokschuppen entstand aus Sperrholzplatten mit aufgeklebten Furnierleisten als Fachwerkimitation. Die Gefache wurden mit einem Sand-Leim-Gemisch ausgekleidet und farblich behandelt. Die kleine Bekohlungsanlage besteht aus Holzleisten; nur Leiter und Weidenkörbe aus Messing wurden gekauft.

Beachtlich an diesem Schaubild sind die um den und im Schuppen angeordneten Details, die den Sortimenten von Brawa, Gerard, MO-Miniatur und Weinert entnommen wurden. Zwar kostet diese Feinarbeit Zeit und Mühe, doch erst sie verleiht einer Modellbahnanlage das Attribut, vorbildlich gestaltet zu sein.

Abb. 184

Abb. 185

Abb. 186

Abb. 187

Unsere Sammlung gutgestalteter Modellbahn-Betriebswerke wollen wir beschließen mit einem kleinen Bw in der Nenngröße IIm (LGB-Anlage U. Bilan, Berlin). Die zweiständige Remise und die wenigen Behandlungsanlagen gehören zu einem Endbahnhof einer steilen, kurvenreichen Meterspurbahn im deutschen Mittelgebirge. Lokschuppen, Wasserbehälter und Werkstatt sind in einem Gebäude vereint. Vorbilder solcher Art lassen sich noch heute bei den 750-mm-Schmalspurbahnen im Erzgebirge finden.

Die Wände des Schuppens wurden aus 10 mm starken Dekoschaumstoffplatten ausgeschnitten und mit gebeizten Holzleisten für die Fachwerkimitation beklebt. Danach konnten die Gefache mit Gips ausgegossen werden. Während des Abbindens mußten die Wände mit

Abb. 189

Abb. 188

Ziegelsteinen beschwert werden, damit sie sich nicht verziehen konnten. Das Dach besteht aus Holzleisten und aufgeklebten Bahnen aus Schleifpapier als Dachpappe-Imitation. Das Gebäude ist komplett eingerichtet mit selbstgebauten Regalen, Werkbänken, Flaschenzug, Schmiede und unzähligen Accessoires.

Die Bekohlungsanlage ist aus Holzleisten und Brettchen einer Obststiege entstanden. Gemahlene Steinkohlenbrocken vermitteln einen realistischen Eindruck. Mit viel Farbe, die sowohl aufgespritzt als auch mit dem Pinsel aufgetragen wurde, ist versucht worden, eine vorbildgetreue Gestaltung und kleinbahntypische Stimmungen zu erreichen. Dazu gehört natürlich, daß auch die Loks mit Betriebsspuren versehen sind und nicht wie frisch aus dem Ausbesserungswerk wirken.

16

Wer liefert was?

Übersicht über Fahrzeuge und Zubehör für das Betriebswerk.

Die nachfolgende Aufstellung soll dem Leser einen Überblick über das Modellbahn-Bw-Zubehör verschaffen. Die stichwortartigen Angaben können nur Anhaltspunkte sein. Sie ersetzen nicht das Nachlesen im jeweiligen Firmenkatalog, der beim Fachhändler ausliegt. Sofern dieser die gewünschten Artikel nicht führt, geben die Hersteller gern Bezugsquellen in Ihrer Nähe an. Legen Sie der Anfrage bitte einen frankierten und mit Ihrer Anschrift versehenen Briefumschlag bei.

Addie, Essenheimer Str. 83, 55128 Mainz:
0 – ein- und zweiständiger Rechteckschuppen mit und ohne Anbau, Kleinbekohlungsanlage, Bw-Ausstattungsteile.

Arnold, Postfach 12 15, 90002 Nürnberg:
N – Kleinlok, Bahndienstfahrzeuge, 26-m-Drehscheibe mit 7,5°/15°-Teilung, kleiner und großer Ringlokschuppen, einständiger Rechteckschuppen, zweiständige Halle für moderne Triebfahrzeuge, Kleinbekohlungsanlage, Großbekohlungsanlage, Wasserturm, Wasserkran, Besandungsanlage, Dieseltankstelle mit Lagertanks.

Auhagen, Hüttengrundstr. 25, 09496 Marienberg:
H0 – zweiständiger Rechteckschuppen, Wasserturm, Kleinbekohlungsanlage, Wärterbude, Holzschuppen, Werkstatt mit Schrottbansen;
TT – zweiständiger Rechteckschuppen, Wasserturm, Bekohlungsanlage mit Bockkran.

Baumann, Flurstraße 19, 91413 Neustadt:
II – Kleinlokschuppen, IIe-Kleinloks und -Bahnmeistereifahrzeuge, Bockkran, Drehkran, Dieseltankstelle, Wellblechbuden.

Bemo, Stuttgarter Str. 59, 73066 Uhingen:
H0 – RhB-H0m-Drehscheibe, Wellblechbude.

Berliner TT-Bahnen Zeuke-Zubehör, Brettmühlenweg 5, 09526 Olbernhau:
TT – einständiger Rechteckschuppen, Draisinenschuppen, Sturzbühnenbekohlungsanlage, Wasserturm, Werkstatt.

Besig, August-Lutz-Str. 14, 86732 Oettingen:
I/0 – 26-m-Drehscheibe, Bockkran, Wasserkran, Draisine, Bw-Ausstattungsteile.

Bima, Grevesmühlener Str. 20, 13059 Berlin:
TT – 26-m-Drehscheibe, Ringlokschuppen.

Bochmann und Kochendörfer, Luckenbacher Str. 57, 74523 Schwäbisch Hall:
H0 – Handdrehscheibe, Ringlokschuppen, Großbekohlungsanlage mit Portalkran, Wasserturm, Wasserkran, Untersuchungsgrube, Entschlackungsanlage;
N – Handdrehscheibe, Untersuchungsgrube, Wasserkran, Entschlackungsanlage;
Z – Untersuchungsgrube.

Brawa, Postfach 13 61, 73626 Remshalden-Grunbach:
H0 – Schiebebühne, Bahndienst- und Bahnmeistereifahrzeuge, Kleinlok, Kleinlokschuppen, Sturzbühnenbekohlungsanlage, Wasserkran, Dieseltankstelle, Schrottbansen, Bw-Leuchte, Bw-Ausstattungsteile;
N – Schiebebühne, Kleinbekohlungsanlage, Wasserkran, Holzschuppen, Bw-Leuchte.

Busch, Postfach 12 60, 68502 Viernheim:
N – Bekohlungsanlage.

Faller, Kreuzstraße 9, 78148 Gütenbach:
H0 – Großbekohlungsanlage mit Portalkran,

Kleinbekohlungsanlage, dreiständiger Rechteckschuppen mit Anbau, zweiständige Halle für moderne Triebfahrzeuge, Wassertürme, Wasserkräne, Dieseltankstelle, Entschlackungsanlage mit Bockkran, Besandungsanlage mit -turm, Rohrblasgerüst, Untersuchungsgrube, Schürhakengestell, Werkstatt, Ladekran;
N – Ringlokschuppen, zweiständiger Rechteckschuppen, zweiständige Halle für moderne Triebfahrzeuge, Großbekohlungsanlage mit Portalkran, Wassertürme, Wasserkran, Tanklager, Dieseltankstelle, Hochtanks, Besandungsanlage mit -turm, Entschlackungsanlage mit Bockkran, Rohrblasgerüst, Werkstatt;
Z – zweiständiger Rechteckschuppen, Tanklager.

Ferro-Suisse, Postfach, CH-9643 Krummenau:
H0 – RhB-H0m-Drehscheibe mit Lokschuppen, Geräteschuppen.

Fides, Milbert Creations-Div., Rue de Bon Port 3, CH-1820 Montreux:
H0 – RhB-Ringlokschuppen, einständiger Rechteckschuppen;
N – zweiständiger Rechteckschuppen.

Fleischmann, Kirchenweg 13, 90419 Nürnberg:
H0/N – 26-m-Drehscheibe mit 7,5°/15°-Teilung, Ringlokschuppen, Handdrehscheibe, Bahndienstfahrzeuge.

Günther, Deutstetter Str. 16, 72519 Veringenstadt:
H0 – Kleinlok, Bahndienst- und Bahnmeistereifahrzeuge, Bw-Ausstattungsteile.

Haberl und Partner, Ulmer Str. 160 a, 86156 Augsburg:
H0 – zweiständiger Rechteckschuppen mit Wasserturm, Werkstatt, Bw-Ausstattungsteile.

Hapo, Fraunhoferstr. 41, 80469 München:
H0 – 5-, 11-, 16- und 20-Meter-Drehscheibe, Segmentdrehscheibe, Kleinbekohlungsanlage, Bekohlungskran, Besandungsanlage, Kleinlokschuppen, Lade-, Bock- und Wasserkran, Draisinen.

Hehl, Gartenweg 6, 86807 Buchloe:
0 – 26-m-Drehscheibe, Kleinbekohlungsanlage, Schlacken- und Schrottbansen, Wasserkran, Schürhakengestell, Drehkran, Bw-Ausstattungsteile.

HelBerg, Ulmer Str. 160 a, 86156 Augsburg:
0 – zweiständiger Rechteckschuppen mit Wasserturm, Werkstatt, Bw-Ausstattungsteile.

Heljan, Rebslagervej 6, DK-5471 Sønderso:
H0 – Ringlokschuppen, ein- und zweiständiger Rechteckschuppen mit und ohne Anbau, Kleinbekohlungsanlage, Handdrehscheibe;
N – Ringlokschuppen, zweiständiger Rechteckschuppen mit und ohne Anbau, Handdrehscheibe.

Henke, Dickhardtstr. 48, 12159 Berlin:
0 – 0e-Segmentdrehscheibe.

Herkat, Schloßbäckerstr. 18, 90443 Nürnberg:
H0 – Waschanlage für Triebfahrzeuge und Triebwagen;
N – Schiebebühne.

HMB, Am Bahnhof 9, 59394 Nordkirchen:
II – Ringlokschuppen, IIm-Drehscheibe, einständiger Rechteckschuppen, Kleinbekohlungsanlage, Kohlenlager, Wasserturm.

Hobby-Ecke Schuhmacher, Lerchenhofstr. 18, 71711 Steinheim:
H0 – 15-m-Drehscheibe, Bw-Ausstattungsteile.

Hübner, Kaiserstr. 10, 78532 Tuttlingen:
I – Bahnmeistereifahrzeuge.

Jouef, Av. de Lattre de Tassigny, F-39300 Champagnole:
H0 – 26-m-Drehscheibe, Ringlokschuppen, Untersuchungsgrube.

Kibri, Postfach 15 40, 71005 Böblingen:
H0 – Ringlokschuppen, ein- und zweiständiger Rechteckschuppen, dreiständige Halle für moderne Triebfahrzeuge, Handdrehscheibe, Kleinbekohlungsanlage mit Besandungsportal und Löschebansen, Großbekohlungsanlage mit Portalkran, Besandungsanlage, Wasserturm, Wasserkran, Dieseltankstelle, Tanklager, Bockkran, Kleinbekohlungsanlage, Kohlenlager;
N – ein- und zweiständiger Rechteckschuppen, dreiständige Halle für moderne Triebfahrzeuge, Kleinbekohlungsanlage, Besandungsanlage mit -turm, Großbekohlungsanlage, Wasserturm, Wasserkran, Dieseltankstelle, Tanklager.

LGB, Saganer Str. 1–5, 90475 Nürnberg:
II – IIm-Handdrehscheibe, Figurensätze.

Märklin, Postfach 860/880, 73008 Göppingen:
I – zweiständiger Rechteckschuppen, Dieseltankstelle, Kleinbekohlungsanlage;
H0 – 26-m-Drehscheibe mit 15°-Teilung, Schiebebühne mit Oberleitungsportal, Ringlokschuppen, zweiständige Halle für moderne Triebfahrzeuge, Dieseltankstelle, Drehkran;
Z – 26-m-Drehscheibe, Schiebebühne mit Oberleitungsportal, Ringlokschuppen, einständiger Rechteckschuppen, zweiständige Halle für moderne Triebfahrzeuge, Wasserturm, Wasserkran, Bekohlungsanlage, Dieseltankstelle.

MO-Miniatur, Gustl-Waldau-Str. 42, 84030 Ergolding:
0 – Bahnmeistereifahrzeuge, Wasserkran, Schlacken- und Schrottbansen, Hebeböcke, Bw-Ausstattungsteile;
H0 – ein- und zweiständiger Rechteckschuppen, Kleinbekohlungsanlage, Bahnmeistereifahrzeuge, Drehkran, Bockkran, Bw-Ausstattungsteile, Figurensätze.

MZZ, Im Trenschen 26, CH-8207 Schaffhausen:
H0/N – Lagerschuppen, Drehkran, Zapfsäulen, Bw-Ausstattungsteile.

Neff, Nuthestr. 34, 12307 Berlin:
H0/N – Oberleitungsspinne für Drehscheibe.

Noch, Lindauer Str. 49, 88239 Wangen:
H0/TT – Holz-, Kohlenlager- und Schrottplatz, Bw-Ausstattungsteile.

Panier, Frahmredder 18, 22949 Ammersbek:
H0 – Öl-, Wasser- und Ladekran, Kohlenbansen.

Pola, Am Bahndamm 59, 97711 Rothhausen:
II – ein- und zweiständiger Rechteckschuppen, Groß- und Kleinbekohlungsanlage, Wassertürme, Wasserkran, Dieseltankstelle, Werkstatt, Portalkran, Schürhakengestell, Wärterbude, Figurensätze;
H0 – Ringlokschuppen, ein- und zweiständiger Rechteckschuppen, Kleinlokschuppen, Draisinenschuppen, Groß- und Kleinbekohlungsanlage, Sturzbühnenbekohlungsanlage, Besandungsanlage mit -turm, Wasserturm, zweiständiges Ausbesserungswerk, Portalkran, vierständiges Straßenbahn-Depot, Fahrzeughalle städtischer Fuhrpark;
N – zweiständiger Rechteckschuppen mit Anbau, einständiger Rechteckschuppen, Wasserturm, zweiständiges Ausbesserungswerk, Portalkran, Schrottplatz.

Preiser, Postfach 12 33, 91541 Rothenburg:
II bis Z – Figurensätze, Bw-Ausstattungsteile.

Roco, Jacob-Auer-Str. 8, A-5033 Salzburg:
H0 – 20-m-Drehscheibe, Besandungsanlage mit -turm, Wasserkran, Bahndienstfahrzeuge, Feldbahnloren für Bekohlungsschrägaufzug, Figurensätze;
N – Bahndienstfahrzeuge.

Spieth, Postfach 30 01 37, 70771 Leinfelden:
H0 – Bahndienst- und Bahnmeistereifahrzeuge, Rohrblasgerüst, Radsatztransportwagen, Bw-Kran, Dieseltankstelle, Hebeböcke, Draisine, Bw-Ausstattungsteile.

Trix, Postfach 49 48, 90027 Nürnberg:
N – Drehschiebebühne mit Oberleitungsportal.

Vau-Pe, Webereiweg 1, 88239 Wangen:
H0 – einständiger Rechteckschuppen mit Anbau, Kleinbekohlungsanlage, Wasserturm.

Vollmer, Porschestr. 25, 70435 Stuttgart:
H0 – Ringlokschuppen, ein- und zweiständiger Rechteckschuppen, Kleinlokschuppen, zweiständige Halle für moderne Triebfahrzeuge, Wiegebunker für Großbekohlungsanlage, Kleinbekohlungsanlage, Wasserturm, Wasserkran, Besandungsanlage mit -turm, Schlackenaufzug, Tanklager, Rohrblasgerüst, Bockkran, Wellblechhütte;
N – ein-, zwei- und dreiständiger Rechteckschuppen, zweiständige Halle für moderne Triebfahrzeuge, Kleinlokschuppen, Kleinbekohlungsanlage, Wasserturm, Wasserkran, Besandungsanlage mit -turm, Schlackenaufzug, Wellblechhütte.

Weinert, Mittelwendung 7, 28844 Weyhe-Dreye:
0 – Bw-Ausstattungsteile;
H0 – Kleinbekohlungsanlage, mobile Kohlenkräne, Besandungsanlage mit -turm, Ölkran, Bw-Ausstattungsteile, Bahndienstfahrzeuge, Schürhakengestell, Wasserkran, Bw-Leuchte;
N – Schürhakengestell, Bw-Ausstattungsteile.

Wiederhold, Waldstr. 54, 63179 Obertshausen:
H0 – 20-m-Drehscheibe.

WMK, Effingergasse 6, A-1060 Wien:
H0 – Bekohlungsanlage mit Aufzug.

Xylona, Lehenstraße 51, CH-8037 Zürich:
H0/TT/N: Ringlokschuppen, ein- und zweiständiger Rechteckschuppen, Wasserturm.

Sachregister

Sinnbilder und Erläuterungen

 Wasserkran

 Ölkran

 Kohlenkran

 Drehscheibe
mit einer Brücken-
länge von 290 mm

EG	Empfangsgebäude
GS	Güterschuppen
Stw	Stellwerk
LSch	Lokschuppen
	D = Dampfloks
	V = Diesel-Verbren-
nungstriebfahrzeuge
	E = Elloks
Wst	Werkstatt
WT	Wasserturm

T	Dieseltankstelle
S	Besandungsanlage
Schl	Ausschlackanlage
Schlwg	Schlackenwagengleis
Lö	Löschebansen, Löschegrube
K	Bekohlungsanlage
Kr	Überladekran
Hb	Hebeböcke
Lokl	Lokleitung
Ugl	Umfahrgleis